COLEÇÃO EXPLOSANTE

ubu

TRADUÇÃO SIMONE CAMPOS

JAMIESON
WEBSTER

SEXO E
DESORGANIZAÇÃO

termina quando vou dormir

9   PREFÁCIO

    [1] VERDADE INCONSCIENTE, SEXUALIDADE, ATO
17 A força desorganizadora do desejo
38 Vida onírica
56 A vida danificada
57 A ação na análise
66 Termine sua análise!

    [2] DESCONFIE DE MELHORAS
75 Variantes de um padrão

    [3] A CURA NADA SOLIDIFICA
115 Pulsão de morte
124 Solidão
141 Não existe satisfação comum
143 Fantasias de masturbação

    [4] VIDA SEXUAL
155 Sexualidade masculina e genitalidade
164 Um rapaz e sua mãe
176 Sonho
179 Sobre as realidades contínuas do abuso sexual
193 Órgãos inúteis
206 Pânico sexual
213 Sexualidades inquietantes
227 *My Country 'Tis*

231 **DESFAZER O QUE VOCÊ ACHOU QUE QUERIA**

236 Agradecimentos
237 Sobre a autora

PREFÁCIO

Quando penso no modo como a psicanálise concebe o sexo, lembro da frase "Água, água por todo lado/ Sem nada que beber!",[1] de *A balada do velho marinheiro*, de Samuel T. Coleridge. Admito ser uma forma particularmente histérica de navegar um problema repleto de oralidade voraz, que destaca a insatisfação e certa densidade metafórica que beira a confusão, mas por que não começar confessando minhas próprias questões orais? É tempestivo e não conhece limites – simplesmente adoro os prazeres da boca. Enquanto falo da realidade dos fluidos sexuais e do desejo por trocas sexuais fluidas, lá fora estamos em pleno deserto sexual. Me preocupo com uma espécie de anorexia sexual ou desidratação sexual contemporânea. Às vezes, o sexo é percebido como maldição e não como cura, embora a cura para o velho marinheiro fosse aprender a amar o albatroz em vez de temê-lo. Com esse objetivo, quero falar da importância do sexo e da raridade do sexo no sentido psicanalítico; da busca extrema que cada um deve empreender até encontrar o que mata certa sede. O sexo tem o poder de revelar certas coisas, certa satisfação que denominamos sexual e que *altera alguma coisa na realidade*. Desejo, abertamente, que estejamos juntos nessa aventura.

Para a psicanálise, sexo e civilização estão em estreita relação dialética: a sexualidade humana é antinatural, isto é, ela vai além do programa que pode definir a vida. O sexo necessita da vida para criar formas que estejam à altura de sua natureza anárquica e insaciável. O sexo resiste a qualquer tentativa de organizar seu excesso. O sexo desorganiza. O que seria capaz de contê-lo? Sejam quais forem nossas soluções ou satisfações, desde expressão artística até invenções científicas, passando pela miríade de insti-

---
1 Samuel Taylor Coleridge, *A balada do velho marinheiro*, trad. Alípio Correia de Franca Neto. Cotia: Ateliê Editorial, 2005, p. 126.

tuições centradas no corpo, na educação, no consumismo e na família, elas serão sempre, somente, soluções parciais: por certo tempo, para um único indivíduo, para um lócus social específico. Se começarmos a temer não ser capazes de refrear o desejo de forma adequada, arriscamos empurrá-lo para baixo do tapete ou, num momento de violência, matá-lo, dissecar suas entranhas, ainda que à custa de nós mesmos. Esse desejo e seus impedimentos, a civilização e seu mal-estar, definem aquilo que a psicanálise entende por vida humana como vida sexual.

Isso me lembra de quando minha bolsa estourou – tive uma filha há pouco tempo – e do pânico que isso causou na equipe médica, que precisa que o rompimento da bolsa se alinhasse perfeitamente com a prontidão para o parto; o que nem sempre acontece. Então forçam o parto, e isso é desagradável: uma série de intervenções dolorosas que fazem você se perguntar quem as inventou e se levaram em conta o corpo real com seus órgãos sexuais. Em minha experiência como psicanalista, as práticas mais estranhas e cruéis advêm de lugares em que a atenção médica ao corpo e a questão sexual andam juntas. A sensação é de que a sexualidade dos corpos faz os médicos depararem com algo que não compreendem e talvez não queiram compreender, portanto precisam ter a impressão de que é separado do trabalho que realizam.

O maior clichê sobre sexo na psicanálise é o velho tropo do desejo de retorno ao útero, do nascimento invertido como um retorno à água, ao ambiente seguro da pátria-mãe. Mas a mensagem psicanalítica destaca as barreiras a esta fantasia. Nós, seres humanos, não podemos voltar ao útero porque, há bilhões de anos, deixamos os oceanos e nos arrastamos para a terra. O tempo que passamos boiando em fluido amniótico nem sequer é memória, mesmo sendo verdade, mesmo sendo nosso ponto de origem, existindo agora apenas na forma de um desejo obrigado a procurar algo que nem sabe o que é. Para Freud, a era do gelo, quando os mares secaram ou congelaram, é o momento mítico do nascimento da sexualidade neurótica. A sexualidade humana encalhou na praia. O projeto é buscar uma sexualidade mais fluida. Essa é a questão do sexo na psicanálise, segundo meu entendimento.

Meu livro mais recente trazia "transtorno"[2] no título; essa palavra se tornou importante para mim, uma forma de resistir à inclinação dos psiquiatras em multiplicar o campo dos supostos transtornos, em especial os transtornos de personalidade. No livro, eu acolhi a desordem; não sei o que é uma personalidade. Nesta nova compilação de escritos, o termo "desorganização" trata de uma ilusão sobre a organização. Às vezes ouso pensar que essa ilusão começa a evanescer. Durante minha formação clínica, "desorganizado" era uma palavra que usávamos para rotular alguém com pensamentos dispersos, fragmentados, estilhaçados ou impossíveis de reunir em formas coerentes. Mas quem seria capaz de julgar o que é "coerente"? Será que acreditávamos mesmo que tal pessoa ideal existia? Se o livro anterior vincula corpo a desordem, este liga sexo a desorganização. Todo dia, nos vemos diante da demanda de colocar nosso corpo e nossas ideias em algum tipo de ordem, de otimizar nossa vida sexual, de reproduzir a imagem da "estabilização". A psicanálise diz, sem rodeios, que isso é impossível, e nada é mais contraproducente à sexualidade singular dos seres humanos; a qual, conforme assinala Freud, vai além do instinto, além do prazer, e que, portanto, é radicalmente aberta. Aberta a tudo, exceto a carregar o fardo da história.

Em um livro sobre sexo, optei por uma palavra que contém "órgão" – não por acaso, na forma de sua anulação. Lacan observou que, após o coito, nossos órgãos são deixados de lado: sentimo-nos destituídos deles, desengatilhados, enquanto a intensidade abandona nosso corpo. Talvez seja

---

2   Em inglês, "*disorder*", termo que a autora compara aqui com "*disorganisation*" (desorganização). Nesta edição, alternaremos entre "transtorno" e "desordem" como tradução de "*disorder*", conforme a necessidade de enfatizar mais o aspecto clínico ou o etimológico, respectivamente. [N. E.]

esse o objetivo do orgasmo: baixar um pouco nossa bola (a de nossos desejos e expectativas), deixando-nos com nada além de lembranças esparsas e vestígios de excitação e ternura, tentando nos agarrar a esses pós-prazeres. Tais fragmentos de vida sexual são o que resta, um mínimo de organização, uma espécie de amálgama desorganizado, porém precioso. Encontrei, há pouco tempo, o livro *Hatred of Sex* [Ódio de sexo], de Oliver Davis e Tim Dean, que começa com a seguinte provocação: "Tal qual a democracia, o sexo é uma bagunça, desorganizador, tão odiável quanto desejável".[3] A questão está em como acolher a desordem e a força desorganizadora do sexo (e da democracia), e compreender como a resistência a ele e, na verdade, o ódio a ele vêm sendo instrumentalizados para atender a interesses do poder antidemocrático. É essa a crise contemporânea que os autores enxergam nas autocracias nascentes – e em especial nas conspirações que se multiplicam, como a QAnon. Esses órgãos de organização. Aqui, Davis e Dean contextualizam o termo "ódio": "O sexo simboliza [...] o relacionamento altamente complexo que todos os seres humanos têm com a capacidade de seu corpo para experimentar prazeres intensos e até mesmo excessivos. É a dificuldade subestimada dessa relação com os próprios prazeres que nos leva a falar em um nítido ódio ao sexo".[4]

Uma das questões da cura psicanalítica toca a psicanálise em relação a seus conhecimentos, suas instituições e a transmissão do conhecimento clínico: é possível uma organização que dê lugar para a desorganização, a bagunça e a dificuldade? Do ponto de vista histórico, as instituições psiquiátricas e de formação em psicanálise não têm ficha boa nessa seara; há uma calcificação da sexualidade nessas formas institucionais e nesses regulamentos burocráticos. Freud teve a audácia de imaginar uma civilização que tolerasse a absoluta multiplicidade da sexualidade, a singulari-

---

3   Tim Dean e Oliver Davis, *Hatred of Sex*. Lincoln: University of Nebraska Press, 2022, p. VII.
4   Ibid., p. XIV.

dade dos estilos individuais de prazer e desprazer, dos quais a psicanalista tem um ou outro vislumbre durante o trabalho clínico. Psicanalista é quem assume o fardo da desorganização e tenta, a todo custo, não se livrar dela. Fazemos isso sem garantias, correndo grandes riscos. Fazemos isso testando tudo em nós mesmos primeiro, sabendo que, onde vacilarmos ou recuarmos, jamais seremos capazes de guiar nossos pacientes além desse limite. Não podemos quase vislumbrar uma forma de democracia que assume essa configuração, esse mesmo peso de responsabilidade? Água, por toda a parte.

Esta noite, minha filha e eu brincamos de sugar pontos do rosto uma da outra, meu queixo, a boquinha dela, minha bochecha, o pescoço dela. O prazer foi incrível, não só pelo prazer de sugar, o prazer dos lábios e da língua, mas também o joguinho, a troca furtiva de olhares, os ritmos se desdobrando e se desenvolvendo, a brincadeira de escolher onde, quando, com que força, e sempre a questão de quando parar. Estava tarde. Logo ela se cansou. Quando bebês têm sono, ficam mais desorganizados; como pontas soltas, as bordas de seus corpinhos se desfazem, e eles não sabem bem o que fazer de si mesmos. Às vezes, seus joelhos cedem e ela tomba. Nesse lugar de desorganização, muitas vezes ela faz algo muito especial, que com o tempo passou a me deixar maravilhada: ela inventa um jeito novo de se acalmar, de estender o prazer e cair no sono (sem dúvida, adentrando aquele espaço de desorganização miraculoso conhecido como vida onírica). É um pouco parecido quando pedimos a nossos pacientes que se deitem no divã: para se aproximarem disso. Esta noite, ela percebeu que podia não só sugar como também soprar, fazendo os ruídos mais mirabolantes e criando uma música única que me fez rir até não poder mais. Meu riso lhe deu prazer, mas não mais do que ela já havia dado a si mesma. Sei disso porque, quando terminei de rir, ela continuou como se eu não estivesse lá, refinando seu instrumento, brincando com seu novo órgão, até adormecer.

[1]
VERDADE NCONSCIENTE,
SEXUALIDADE, ATO

A FORÇA DESORGANIZADORA DO DESEJO

1. O antiprogressismo de Lacan

O tempo, apesar de sua óbvia regularidade, possui um caráter evanescente e caprichoso. O tempo como catástrofe, por exemplo, ou o tempo como paraíso recuperado, são temporalidades atemporais, um tempo que parece fora do tempo. Há também a sensação de estar parado no tempo: o tempo da estase, da espera, da apreensão angustiada. Esses tempos tornam-se pesados pela sensação de serem densos ou tênues demais, concretos ou excitáveis demais. Procrastinação, tédio, langor, antecipação, impaciência, tudo isso vem à mente. Não seriam tentativas de fixar o tempo, de *apreendê-lo* em ambos os sentidos da palavra – de prendê-lo e de compreendê-lo? A tentativa de dizer *estou aqui e aquilo estará (ou não) ali* dá a sensação de linearidade temporal. Permite que você se situe em um ponto de uma linha. Mesmo no tempo catastrófico, por exemplo, existe a sensação de uma linha que culmina num ponto final.

Se por um lado Jacques Lacan reconhecia essa fenomenologia do tempo – em especial com relação à neurose e ao tratamento psicanalítico –, por outro enfatizava os aspectos imaginários dessa forma de pensar. Por exemplo, o que está em ação muitas vezes é similar à projeção do desejo. O sentimento oceânico, como Sigmund Freud apontou, constitui o desejo de retornar à proteção do amor parental onipotente e a tentativa de experimentar uma espécie de narcisismo ilimitado.[1] A procrastinação, diz Lacan, é uma espécie de relacionamento anal com o tempo, pelo qual a onipotência é retida por meio de uma renúncia ao tempo. Há também um tempo que se coloca em oposição aos tempos mais "imagi-

---

1 Ver Sigmund Freud, "O futuro de uma ilusão" [1927], in *Obras completas*, v. 17, trad. Paulo César de Souza. São Paulo: Companhia das Letras, 2014.

nários". Esse tempo está mais próximo de uma concepção rítmica que linear; um tempo que enfatiza o retorno, as repetições, as rupturas, as aberturas e os fechamentos, e não um progresso sem fim ou progresso para um fim. Está mais próximo dos movimentos do desejo inconsciente e da ordem temporal distinta que Freud pontuou ao escrever sobre o inconsciente.

Lacan enfatiza a importância de diferenciar esses registros de tempo, em especial ao refletir sobre o momento do estabelecimento da psicanálise. Ele nos relembra que a virada do século foi um período histórico no qual a ideia de "progresso" aos poucos se tornava o modelo dominante. O progresso é um conceito novo – não tem mais de cem anos –, atrelado ao sujeito da ciência moderno. Existe uma ilusão de atemporalidade na ideia de progresso, apesar de sua pouca idade, e a psicanálise, para Lacan, coloca um obstáculo a essa ordenação linear.

Como pensar sobre qualquer coisa sem pensar em progresso? À primeira vista, parece quase impossível. O progresso é visto como um bem incontestável. *Deve-se* progredir. Que alternativa existe? O progresso estabelece um valor intrínseco à civilização humana. Lembremo-nos das cautelosas observações finais de Freud em *O mal-estar na civilização* (1930):

> Está longe de mim, pelos motivos mais diversos, fazer uma avaliação da cultura humana. Esforcei-me para manter distância do preconceito entusiasta segundo o qual nossa civilização é o que temos ou podemos ter de mais precioso, e sua trilha nos levará necessariamente a alturas de insuspeitada perfeição. [... Sei] apenas uma coisa com certeza: que os juízos de valor dos homens são inevitavelmente governados por seus desejos de felicidade, e que, portanto, são uma tentativa de escorar suas ilusões com argumentos.[2]

---

2   Id., "O mal-estar na civilização" [1930], in *Obras completas*, v. 18, trad. Paulo César de Souza. São Paulo: Companhia das Letras, 2010, p. 78.

Para Lacan, a presunção de um valor inquestionável aposto sobre o estado atual da civilização não poderia ser a "visão de mundo" da psicanálise.

A história, na linha de pensamento psicanalítica, não é linear nem modelada pela busca da perfeição, nem está ligada a maestria ou satisfação. A história, para a psicanálise, acontece aos trancos e barrancos, em uma série de crises formativas e suas resoluções, "por fissura, por uma sucessão de tentativas e aberturas que deram a cada vez a ilusão de que se podia começar a discorrer sobre uma totalidade".[3] A história é um confronto prolongado entre o homem e suas ilusões, decepções e uma relação impossível com a satisfação. Nesse sentido, o tempo é muito mais circular e, de fato, regressivo. Ao abordar dessa forma, ainda que com pessimismo, Lacan enxerga um ponto de vista ético que é inerente ao projeto de Freud:

> Sejam ou não [as pessoas] civilizadas, elas são capazes dos mesmos arrebatamentos coletivos, dos mesmos furores. Continuaram em um nível que não há motivo algum para qualificar como mais alto ou mais baixo, como afetivo, passional ou pretenso intelectual, ou desenvolvido, como se diz. Todos têm a seu alcance exatamente as mesmas escolhas, suscetíveis de se traduzir nos mesmos sucessos ou aberrações. A mensagem que Freud carrega, por mais reduzida que seja por ser veiculada aos cuidados das pessoas mais ou menos limitadas que são seus representantes oficiais, não discorda seguramente em nada de tudo o que nos aconteceu desde sua época e que é de natureza a nos inspirar visadas mais modestas sobre a perspectiva de progresso do pensamento. [...] Qualquer um que se dê ao trabalho de tentar chegar ao nível que essa mensagem alcança certamente despertará o interesse singular das pessoas mais

---

[3] Jacques Lacan, *Meu ensino,* trad. André Telles. Rio de Janeiro: Zahar, 2006, p. 105.

diversas, mais dispersas, mais estranhamente situadas, e, para resumir, de qualquer um.[4]

O ideal de progresso força a pessoa a tentar angustiadamente manter o futuro prisioneiro, arriscando abandonar certa modéstia singular à psicanálise.

2. O desejo é orientado para o futuro, mas não está no futuro

O singular na psicanálise, para Lacan, é a descoberta do inconsciente, e, particularmente, a descoberta do desejo inconsciente. Embora Lacan tenha popularizado a ideia de desejo, o mais fascinante e distinto nessa categoria é facilmente desconsiderado, tal como, suponho, o próprio desejo. Obedecendo à velha oposição freudiana entre libido do eu e libido do objeto, narcisismo e desejo, pulsão de morte e pulsão de vida, ele alega que aquilo que a psicanálise faz é "nos devolver nosso desejo". E esse desejo é orientado para o futuro, mas não está no futuro.

É importante entender que, para Lacan, o desejo não pode ser interpretado segundo o modelo da necessidade biológica ou da vontade consciente, como a vontade de ter um carro novo, uma namorada ou um bagel. Dizer que o desejo é inconsciente, atrelado a uma rede inconsciente de desejos, é um ponto de partida. Se eu disser, *queria que você me amasse, queria que você me enxergasse, queria me apossar de você,* aí nos aproximamos um pouco mais do que Lacan quis

---

4 Ibid., p. 115. No original em inglês, Webster recorre a uma versão do texto lacaniano que diverge, na última frase, da edição brasileira, estabelecida por Jacques-Alain Miller: "Qualquer um que se dê ao trabalho de tentar chegar ao nível que essa mensagem alcança certamente estará mais próximo do que é singular na psicanálise". Além de discrepâncias relacionadas ao estabelecimento ou não do texto, isso se deve ao fato de as versões da obra se basearem em diferentes transcrições da gravação do curso apresentado por Lacan. [N. E.]

dizer. Quando digo *eu te amo*, ou *queria que você me amasse*, tais declarações, longe de serem uma espécie de encarnação, como em uma teoria do desejo expressionista dos fins, são apenas o começo. *Me ama como? Me enxerga de que maneira? Posse? É mesmo? O que você tinha em mente?*

O que isso desencadeia não é a satisfação do desejo, mas a satisfação impossível, nunca completa e apenas parcial, cuja busca cria nossa subjetividade e nosso mundo. O que Lacan enfatiza é que isso não envolve nem a adaptação do desejo ao mundo (uma espécie de domesticação), nem do mundo a nosso desejo (uma espécie de dominação do exterior), mas um alinhamento do sujeito com seu desejo desconhecido. O desejo, segundo Lacan, está "em ti mais do que tu".[5]

Dessa forma, a psicanalista no consultório segue tal modelo – pense no que acontece quando um paciente deseja encadear seus pensamentos de forma lógica durante a sessão. Estranhamente, não há nada pior. Por quê? Por ser uma estratégia para evitar o desejo inconsciente. Nas palavras de Philip Rieff: se as demandas de eficiência no mundo moderno transformam todo o tempo em dinheiro, a psicanálise faz o contrário, aumentando a ineficiência e transformando de novo o dinheiro em tempo.[6] Se nosso futuro é cada vez mais cerceado pelas demandas da vida contemporânea, a psicanálise demanda que ele se reabra, mesmo que apenas pelo período de uma hora.

Essa ruptura fundamental que a psicanálise instaura está sempre, para Lacan, relacionada ao que é radical e nuançado na categoria do sexual no inconsciente. Os movimentos do desejo deslocam a tendência implícita rumo à dominação, à totalidade, à unificação e ao essencialismo; e, assim, o desejo permanece sendo um local aberto de investigação e

---

5 Ver id., *O seminário, Livro 11: Os quatro conceitos fundamentais da psicanálise* [1964], trad. M. D. Magno. Rio de Janeiro: Jorge Zahar, 1988, p. 249.
6 Philip Rieff, *Freud: The Mind of a Moralist*. Chicago: University of Chicago Press, 1979.

possibilidade. Ou, para dizer com mais franqueza: o desejo sexual é o local aberto por excelência.

De certo ângulo, Lacan enfatiza o desejo e não o objeto que pode tentar satisfazê-lo ou não. Em todo caso, em *Três ensaios sobre a teoria da sexualidade* (1905), de Freud, o aspecto mais variável da pulsão sexual era seu objeto – que podia ser qualquer coisa, uma pessoa, uma sensação, uma das mãos, um sapato.[7] Lacan, antiprogressista, responde com uma compreensão antiutilitária de desejo: quanto mais impossível o desejo, mais forte ele é. Portanto, a patologia *somente* é enfatizada à luz dos diversos fracassos da libido, de seu retraimento e estagnação interna – o que antes costumava ficar implícito nas neuroses ou na fixação narcísicas, por exemplo, e não no desdobramento realista e satisfatório do desejo como tal.

Há uma ênfase no movimento, no tempo, como estando atrelados ao desejo, e a relação de ambos com a questão do futuro da psicanálise parece inextricavelmente vinculada. O dom do tempo na psicanálise é também o dom do desejo, e a psicanálise parece ter perdido de vista esse dom em uma angústia que contraria sua própria proposta. Ao nos aproximar do desejo, talvez possamos libertar a psicanálise do que parece ser sua ruidosa contagem regressiva.

Tais questões, portanto, envolvem o *telos* da psicanálise: seu futuro passa a ser encarado não em termos de finalidade (ou seja, não como um meio para alcançar um fim ou como um progresso em direção a um fim – um ponto em que ou a psicanálise morre, ou se realiza, ou conhece-se a si mesma de forma absoluta), mas como sua própria razão de ser. Em outras palavras, a mensagem da psicanálise em relação ao *desejo*. O que ela pode demonstrar é como, com grande dificuldade, o desejo suscita novas formas de conviver com o desejo inconsciente e a sexualidade, como os sintomas podem informar uma forma de subjetividade

---

7   S. Freud, *Três ensaios sobre a teoria da sexualidade* [1905], in *Obras completas*, v. 6, trad. Paulo César de Souza. São Paulo: Companhia das Letras, 2016, p. 38.

ardente. De minha parte, eu gostaria de reduzir o progresso, a concepção da futura organização de nosso campo, à força desorganizadora dessas linhas de desejo.

3. Um jovem Freud sobre o futuro da psicanálise

Um dos componentes menos laudados dos ensinamentos de Lacan procurou separar essa verdade emergente, a descoberta da psicanálise, da inevitável parte fantasmática ou imaginária do desejo de Freud. Vou iniciar justamente esse gênero de análise, concentrando-me em alguns textos de Freud em que ele discute o progresso e o futuro do conhecimento psicanalítico, em particular um de seus primeiros, de 1910, "As perspectivas futuras da terapêutica psicanalítica", e outro de 1919, "Caminhos da terapia psicanalítica". Os dois não poderiam expressar visões mais antitéticas a respeito das perspectivas dessa estranha disciplina, um enxergando o campo da psicanálise como cada vez mais organizado, institucionalizado e de reconhecida autoridade, enquanto o outro julga impossível qualquer programa semelhante, dada a natureza da disciplina. Caso consideremos que Freud acabou por desistir da questão do futuro, o que isso significa, e por que ainda constitui algo sobre o qual tantos outros continuam a se debruçar?

Um jovem e zeloso Freud fala ao Segundo Congresso Psicanalítico, em 1910, sobre "As perspectivas futuras da terapêutica psicanalítica". Logo de início, ele gostaria de informar ao público que "de maneira nenhuma chegamos ao fim de nossos recursos para combater as neuroses".[8] É difícil ignorar que, mal ele começa, já surge uma angústia relativa a "finais". Ele prossegue: "Acho que esse fortalecimento virá de três direções: 1) do progresso interno; 2) do acréscimo em

---

[8] Id., "As perspectivas futuras da terapêutica psicanalítica" [1910], in *Obras completas*, v. 9, trad. Paulo César de Souza. São Paulo: Companhia das Letras, 2013, p. 220.

autoridade; 3) do efeito geral de nosso trabalho".[9] No que toca à primeira direção, o processo interno, Freud deseja abordar o conhecimento e a técnica analíticos. A assistência do analista, diz ele, tornou-se clara: plantamos a semente e esperamos que ela se desenvolva, algo que ele chama de a ideia antecipadora consciente, fornecida pelo analista, que depois o paciente poderá encontrar em si mesmo e da qual o analista esperará a confirmação. Dá para imaginar esse joguinho de antecipação da certeza futura. Já sabemos que Freud nunca chegou a escrever sua obra definitiva sobre técnica, *A metodologia geral da psicanálise*. Esse projeto, que foi no mínimo abandonado, suscita perguntas sobre tal articulação de progresso interno.

Freud continua, dizendo que "espera" que o público forme a impressão de "que quando todos soubermos tudo isso que agora apenas suspeitamos, e tivermos realizado todos os aperfeiçoamentos da técnica a que nos deve conduzir a experiência aprofundada com nossos pacientes, então nossa prática médica adquirirá uma precisão e uma certeza de êxito que não se acham em todos os campos da medicina".[10] Um êxito que ele espelha no do "obstetra" que precisa apenas examinar uma "placenta [para saber] se ela foi expelida completamente ou se ainda ficaram restos nocivos".[11] Tal como o obstetra, o analista deve ser capaz de saber se seu trabalho foi "definitivamente bem-sucedido".[12] Assim se encerra a primeira perspectiva de Freud para o futuro.

Não é a ingenuidade dele que pretendo apontar aqui (na verdade, até a acho charmosa), mas esse sonho de progresso. Aqui, com Freud, encontramos a estranha metáfora do analista como obstetra, o pós-parto de um sintoma, e da paciente que deve ser mulher, e ainda por cima grávida, suponho. A viabilidade imaginada da psicanálise, sua conclusão projetada, é uma excitação do desejo que incita o

---

9 Ibid.
10 Ibid., p. 224.
11 Ibid., p. 222.
12 Ibid.

emprego de uma metáfora prenhe de significado, para dizer o mínimo. Por ora, gostaria de assinalar isso e seguir adiante.

Com relação à segunda categoria, o aumento da autoridade, Freud diz que nada é mais premente que a ânsia por autoridade desde o declínio do poder das religiões – o que ele chama de complexo paterno. Embora Freud não pareça incluir em seus traços nem a si próprio nem a psicanálise, o importante para ele nessa parte do artigo é o fato de que os pacientes o desejam. Freud sente que o aumento na autoridade do psicanalista deve ser iminente, senão o trabalho com esses pacientes está fadado a fracassar.[13] (Alguns devem ter olhado para seu modesto consultório e pensado, de si para si: "E *você* está me prometendo uma cura dessa escala?".) A sociedade, queixa-se Freud, não tem a menor pressa em conceder essa autoridade, já que a psicanálise destrói as ilusões da própria sociedade e expõe seus efeitos prejudiciais. Com tal inversão do objeto atacado – primeiro Freud pelos pacientes, depois a sociedade por Freud –, ele diz esperar que o "intelecto" supere o egoísmo e a emoção quando a fúria destes houver se exaurido. Assim ele prossegue:

> A fim de calcular o aumento em nossas perspectivas terapêuticas quando há confiança geral em nós, pensem na posição de um ginecologista na Turquia e no Ocidente. Tudo o que um ginecologista pode fazer, na Turquia, é sentir o pulso de um braço que lhe é estendido através de um buraco na parede; o êxito médico é proporcional à acessibilidade do objeto. [...] Mas desde que o poder de sugestão da sociedade leva a mulher doente ao ginecologista, este se torna auxiliador e salvador da mulher.[14]

Mais uma metáfora; também retornarei a esse ginecologista.

O terceiro reforço de Freud vem do que ele chama de eficiência geral de nosso trabalho. Freud afirma que, quando a charada proposta pelo instinto for desvendada, essas doen-

---
13 Ibid., p. 220.
14 Ibid., pp. 225-26.

ças não terão mais a possibilidade de existir – será como revelar o nome de um espírito maligno que há tempos se conservava em segredo. Nomear um espírito destrói seu poder. Portanto, se pusermos a sociedade no lugar do indivíduo, o que precisará ser atacado é o ganho secundário da doença, que é concedido externamente. Se isso parece utópico, ele nos lembra que já está ocorrendo – graças ao nascimento da psiquiatria, agora existem menos visões da Virgem Maria: como tais mulheres não mais atraem fiéis nem têm capelas construídas em sua homenagem, médicos são convocados para examiná-las.[15]

Para oferecer um exemplo menor, Freud pede para imaginarmos um grupo de mulheres que combinaram que, quando tiverem de atender a uma necessidade natural em meio a um piquenique, dirão que vão colher flores. Caso alguém exponha essa simulação, nenhuma dama tentará lançar mão desse pretexto florido e, em vez disso, admitirá suas necessidades naturais, às quais ninguém irá se opor. Ele conclui:

> as energias todas que atualmente são gastas na produção de sintomas neuróticos [...] ajudarão a reforçar [...] o clamor pelas transformações em nossa cultura, nas quais enxergamos a única salvação para os nossos descendentes. Despeço-me dos senhores, então, garantindo-lhes que [...] contribuem para o esclarecimento das massas, do qual esperamos a mais abrangente profilaxia das enfermidades neuróticas, pela via indireta da autoridade social.[16]

Eu adoro esse ensaio. É completamente desvairado. Que diabos está acontecendo? A cada reforço às perspectivas do futuro da psicanálise, encontramos um sem-número de associações sexuais cuja metáfora central é de gravidez e paternidade – plantio de sementes, obstetrícia, placentas, exames ginecológicos, visões da Virgem, segredos entre mulheres, nomeação de espíritos malignos, colheita de flo-

---
15 Ibid., p. 228.
16 Ibid., pp. 229–30.

res e profilaxia. O objetivo, no fim das contas, é a disponibilidade crescente do objeto feminino.

O que parece importante não são tanto essas associações como intromissão problemática, mas o que sinalizam em termos do que será trabalhado por Freud à medida que ele se afasta dessa confluência. Esse ensaio lhe serve de trampolim. O que quer que seja, incrustada na questão de Freud como pai da psicanálise estará uma fonte de trabalho que transformará tanto suas ideias sobre técnica psicanalítica quanto sua concepção sobre o futuro desse campo.

4. O nascimento da psicanálise

Muitos já notaram que, no começo, Freud parece igualar o inconsciente a uma mulher – e de um tipo muito resistente, por sinal.[17] Se Freud presume que o inconsciente é uma mulher, faz sentido que a perspectiva futura da psicanálise dependa de uma espécie de maestria obstétrica e ginecológica, e que a batalha central, para ele, seja entre um médico sábio como autoridade e uma paciente feminina resistente como objeto da investigação.

Os trabalhos históricos e clínicos sobre *Estudos sobre a histeria* (1893–95) e "O caso Dora" (1901/05), bem como muitas críticas feministas à psicanálise, já trataram amplamente do assunto.[18] Eu gostaria de mostrar que nesse primeiro

---

17   Ver J. Lacan *Feminine Sexuality: Jacques Lacan and the École Freudienne*, org. J. Mitchell e J. Rose, trad. Jacqueline Rose. New York: W. W. Norton, 1982; Lisa Appignanesi e John Forrester, *As mulheres de Freud*, trad. Nana de Castro e Sofia Silva. Rio de Janeiro: Record, 2010; e Paul Verhaeghe, *Does the Woman Exist? From Freud's Hysteric to Lacan's Feminine*, trad. Marc Du Ry. London: Rebus Press, 1999.

18   Ver J. Lacan, *Feminine Sexuality*, op. cit.; Nancy J. Chodorow, *Feminism and Psychoanalytic Theory*. New Haven: Yale University Press, 1991; Walter Benjamin, *Illuminations*, org. H. Arendt, trad. Harry Zohn. New York: Schocken, 2007; Judith Butler, *Problemas de gênero: feminismo e subversão da identidade*, trad. Renato Aguiar. Rio de Janeiro: Civilização Brasileira, 2003.

Freud havia algo mais que a mera batalha dos sexos. Há também algo como um encontro determinante com o desejo e seus limites.

Erik Erikson, em seu trabalho seminal de 1954, "The Dream Specimen of Psychoanalysis" [O espécime dos sonhos da psicanálise], analisa o sonho de Freud sobre a injeção de Irma, tido como o sonho inaugural da psicanálise analisado inteiramente por Freud.[19] O sonho reside no começo do nascimento da psicanálise porque permite a Freud concluir, em *A interpretação dos sonhos* (1900), que o sonho é um desejo. A inquietante semelhança do sonho com diversas metáforas do artigo de 1910 pode nos ser útil.

Para relembrar, o sonho de Freud é sobre Irma, uma paciente que resistia ao tratamento. No sonho, Freud sente-se frustrado e culpado (na véspera, fora repreendido por um colega por não ter curado Irma completamente). Freud, nesse sonho, recebe Irma em uma festa, e ela se queixa de dores. Ele a leva até a janela para examiná-la e olha dentro de sua boca, onde vê um estranho abscesso ou ferimento. De repente, aparece uma série de colegas que opinam sobre a causa da doença de Irma, tanto acusando quanto inocentando Freud. Quase no fim da cena, ele ouve e depois vê a fórmula escrita para a cura dela, "trimetilamina", uma palavra sem sentido, mas cujos sentidos subjacentes são importantes para Freud porque ele está começando a conceitualizar o que é singular na psicanálise e o separa do domínio da autoridade de seus colegas médicos.[20]

Erikson analisa belamente esse sonho, observando com minúcias sua construção linguística e a situação de Freud, que estava à beira da descoberta na época em que o sonhou. O sonho, assinala Erikson, começa como uma recepção de aniversário em um grande salão onde Freud recebe os con-

---

19 Erik Homburger Erikson, "The Dream Specimen of Psychoanalysis". *Journal of the American Psychoanalytic Association*, v. 2, n. 1, 1954.
20 S. Freud, *A interpretação dos sonhos* [1900], in *Obras completas*, v. 4, trad. Paulo César de Souza. São Paulo: Companhia das Letras, 2019, p. 149.

vidados, já antecipando a ideia de um nascimento. Erikson liga *empfangen*, em alemão, a seus dois radicais – "concepção" e "recepção". Existe no sonho, portanto, uma ligação entre o intelectual, o médico e o sexual na noção de conceitualização, recepção e germinação de ideias, e um desejo de fruição. Numa palavra, trata-se de uma "cena imaginária de concepção". Além disso, para Erikson, o sonho passa da frustração e imprecisão sobre o que incomoda Irma, fórmulas e diagnósticos sem sentido, até o que ele chama de "imediatismo da convicção" em harmonia com as autoridades que são trazidas à cena. Isso, diz Erikson, deve ser visto na oposição entre a precisão masculina de uma fórmula ousada, aquela que Freud vê com clareza a sua frente, e a mulher obscura, inflexível, velada e resistente.[21]

Erikson afirma que, nessa toada, o sonho não passaria de outra mulher altiva, recoberta de inúmeros mantos enganadores e dando-se ares de grande importância. A carta de Freud a seu amigo e mentor Wilhelm Fliess falava de um "desvelamento" do mistério do sonho com Irma quando Freud o sujeitou a uma "análise exaustiva". Na última análise, então, o próprio sonho pode constituir uma imagem materna; ela é aquela, como diz a Bíblia, a ser conhecida.[22]

Freud escreve sobre o sonho com Irma a seu colaborador Karl Abraham em 1908: "Existe uma megalomania sexual escondida por trás dele, as três mulheres [que Freud associa à figura de Irma], Mathilda, Sophie e Anna, são as três madrinhas de minhas filhas, e eu possuo todas!".[23] Sabemos hoje que o sonho prevê o nascimento de Anna, que se tornará mais tarde a protetora de seu pai. Freud, no sonho, deseja todas as mulheres. Mais ainda, seu desejo é de que o objeto ceda por completo, pare de se dar "ares de importância" e

---

21 E. Erikson, "The Dream Specimen of Psychoanalysis", op. cit., p. 45.
22 Ibid., pp. 45-46.
23 Freud a Karl Abraham, 9 jan. 1908, in *The Complete Correspondence of Sigmund Freud and Karl Abraham, 1907-1925*, org. E. Falzeder, trad. Caroline Schwarzacher et al. London: Karnac, 2002, p. 21.

lhe dê recursos para o bem das futuras gerações, pelo bem do progresso, pelo bem da autoridade do analista!

Os autores de *As mulheres de Freud* assinalam ainda que o sonho com Irma está logicamente atrelado ao sonho *non vixit* de Freud, cuja figura primária é Josef Paneth, noivo de Sophie Paneth – e que Freud, refletindo sobre o sonho, considerou ser uma possibilidade psicanalítica bem melhor do que a recalcitrante Irma.[24] No sonho *non vixit*, morte e imortalidade, ambição e rivalidade assassina são os temas prementes. Mais uma vez, filhos – em especial as filhas – e sucesso profissional são as chaves da imortalidade.

Freud nota que um desejo particularmente infantil aparece no sonho – cuja lógica *quid pro quo*, "olho por olho", ele recorda vir de sua infância.[25] Dentro desse sistema lógico, a dimensão da fala parece paralisada pelo recurso à ação agressiva. É inquietante constatar que essa é a mesma lógica do estádio do espelho de Lacan: capturada pela imagem do outro como a de um eu rival que colapsa em uma batalha imaginária sem mediação.[26] A estrutura do narcisismo é transitivista – o local facilmente cambiável da identificação diádica, você-eu, sujeito-objeto –, o que dificulta uma terceira presença (o desejo). No sonho *non vixit*, Freud derrota seu rival, Josef, e sente-se extasiado ao se ver "dono do lugar".[27]

Lacan, em seu seminário *O avesso da psicanálise* (1969-70), afirma com ousadia que não existe algo como "todas as mulheres".[28] Para ele, esse é o significado de castração, dos limites impostos a nosso narcisismo, a impossibilidade de satisfação e posse absoluta – seja de si, seja dos outros. Lacan lê a obra muito mal compreendida de Freud, *Totem e tabu* (1917), como uma alegoria desse dilema. Na alvorada da

---

24 L. Appignanesi e J. Forrester, *As mulheres de Freud*, op. cit., p. 211.
25 S. Freud, *A interpretação dos sonhos*, op. cit., p. 144.
26 Ver J. Lacan, "O estádio do espelho como formador da função do eu" [1949], in *Escritos*, trad. Vera Ribeiro. Rio de Janeiro: Zahar, 1998.
27 S. Freud, *A interpretação dos sonhos*, op. cit., p. 533.
28 J. Lacan, *O seminário*, Livro 17: *O avesso da psicanálise* [1969-70], trad. Ari Roitman. Rio de Janeiro: Zahar, 1992, pp. 116-17.

civilização, o pai é assassinado pelos filhos, transformando o objeto, ou seja, as mulheres, em algo que precisa ingressar numa economia de trocas. O pai perde seu reinado exclusivo sobre o objeto, mas, contra Édipo, também os filhos o perdem. O pai primitivo é um mito pré-histórico que conservamos na forma de nossas fantasias de onipotência.[29]

Portanto, enquanto Erikson conclui com uma análise do pai da psicanálise, ironicamente para substanciar sua própria teoria, eu gostaria de levar essa linha de pensamento um pouco mais longe. A pergunta principal me parece dizer respeito à relação entre o desejo e seu objeto. Se a ideia é de que o desejo se encontre com um objeto que cause satisfação, será que conseguimos escapar dessa luta pela autoridade, da luta acerca do conhecimento, a batalha imaginária contra um rival, tomada de maneira diferente, como uma luta entre os sexos? Ou será que Freud, ao imaginar que está dando à luz, que se encontra no começo de uma longa trajetória ou movimento progressivo, conduzido por uma fantasia de imortalidade, semeia uma confrontação futura com uma lacuna inevitável, um limite, uma impossibilidade inerente ao desejo?

Na luta, há um vencedor (Freud) e um perdedor (Irma, seus colegas, Josef Paneth e que tais). Mas Freud não pode permanecer apenas ao lado do vencedor. Na verdade, o cerne corporal do sonho que evoca o máximo de angústia acontece na identificação dele com a vítima – quando ele apalpa Irma, olha no interior de sua boca e vê, conforme Lacan a denomina, uma visão terrível, a de uma cabeça pelo avesso, similar à de quando Freud presencia Josef Paneth dissolver-se completamente no sonho *non vixit* como efeito de seu olhar. O que pretendo assinalar com isso é que o desejo não deve ser considerado simplesmente um desejo egoísta de vencer, matar, possuir, conquistar, mas como o que de fato transcende esses atos, na medida em que o desejo articula seu próprio limite; ou, como Lacan diria,

---
[29] Ibid., p. 117.

o desejo carrega consigo sua confrontação com a falta e o pedaço do real, do qual ele se projeta.

Para Lacan, a psicanálise diz respeito às implicações éticas e transformadoras do cultivo desse trabalho com o desejo. Se Freud era radicalmente inibido na realidade, privado de seu desejo, é o trabalho com esses sonhos, sua autoanálise, que lhe permite avançar e assumir seu desejo para além das garras viscosas e inibidoras de suas vontades narcísicas. Isso, para Lacan, tem mais a ver com o lado do desejo que traz a mensagem de "castração" ou "impossibilidade" e, de forma única e singular, simboliza essa restrição para um sujeito.

5. Lendo o desejo de Freud

Serge Leclaire, em seu livro *Psicanalisar*, publicado originalmente em francês em 1968, acompanha esse rastro do desejo de Freud. Na obra, ele o lê com atenção cautelosa à imagem e à linguagem dos sonhos de Freud, bem como aos mecanismos formais inerentes a eles. Leclaire se vale do texto freudiano sobre lembranças encobridoras, que sabemos ser autobiográfico, bem como do material biográfico da vida de Freud que acompanha sua autoanálise – em especial o que vem à tona nas cartas trocadas com Fliess.

Leclaire, ao examinar os escritos do jovem Freud, mapeia as sutilezas do desejo dele usando tanto seus componentes linguísticos como os que ele chama de fantasmáticos ou edipianos. Ele assinala a proximidade entre a palavra alemã *Laib* ("pão") nas memórias encobridoras de Freud com a palavra *Leib* ("corpo"), acusticamente indiferenciáveis em alemão; a imagem das pessoas com bicos de pássaro que carregam a mãe de Freud; uma imagem da Bíblia que seu pai lhe deu; o rosto da mãe como uma imagem tanto de morte quanto de beatitude, cuja causa, diz Leclaire, Freud sem dúvida imagina ser ele mesmo. Leclaire acompanha a centralidade do livro reduzido a pedaços a pedido do pai de Freud no sonho da monografia botânica, assim como as flores que Freud arrancou das mãos de seu primeiro amor, Pauline, na lembrança encobridora, e o consumo ávido de sua flor preferida, a alcachofra.[30]

Ele descobre, circulando sem parar, a fórmula do desejo de Freud: arrancar, rasgar, revelar, colher, despetalar. Vemos com clareza a relação intricada: livro e mulher; sonho e mulher; folha – flor – páginas – pétalas – desfolhamento – colher – comer – despetalar – rasgar.[31] Se Freud queria arrancar ou rasgar o véu que encobre o segredo dos sonhos, a parte fantasmática desse desejo – e com isso me refiro à imagem impossível de sua satisfação edipiana, aquela que oferece a promessa de realização e dominação marcadamente no ato de ingerir com avidez, de rasgar até achar o interior do objeto – sugere que não podemos acompanhar Freud nesse percurso.

O que Leclaire deseja ressaltar é que Freud nos revela o segredo dos sonhos como desejo inconsciente, que não equivale a uma pressa voltada ao objeto. O objeto não está disponível para o desejo como um livro a ser rasgado (chamado por Leclaire de o substituto que o pai de Freud lhe ofereceu em troca de seu fantasma edipiano).[32] Freud teve problemas com livros na adolescência, pois assumia dívidas ao comprá-los a crédito, um sintoma neurótico inicial. Leclaire diz que a psicanálise nos ensina que o desejo, em seu sentido formal mais puro, é um desejo de transgressão, de um movimento que vai além, além até mesmo de seu objeto – mas que não consegue superá-lo. Portanto, cada um deve passar pelo complexo de castração e reconciliar-se com um desejo que não consegue se acomodar de todo ao objeto que parece tê-lo cativo. Existe o desejo e existe o objeto que provoca o desejo.[33]

---

30 Serge Leclaire, *Psicanalisar*, trad. Durval Checchinato e Sérgio Almeida. São Paulo: Perspectiva, 2020, p. 34.
31 Ibid., p. 35.
32 Ibid.
33 Ibid.

Se psicanálise significa tornar manifesta a verdade do desejo, ela é a verdade trágica da relação assimétrica entre desejo e objeto. Para Leclaire, a psicanálise precisa transferir o fascínio do objeto do desejo para o desejo em si, a fim de poder prosseguir psicanaliticamente. Ela precisa abandonar o objeto fantasmático que crê que conseguirá satisfazer, gratificar ou suturar o desejo, como se fosse uma espécie de linha de chegada imaginária – a ilusão do objeto que o tornará completo. Isso leva à conclusão de que não há verdade nenhuma para nós além do desejo inconsciente; para além dele existe apenas o desconhecido, um umbigo, um assoalho, que faz com que o desejo renasça constantemente.

É a esse desejo que o sujeito se acomoda, e não o contrário. Nós acomodamos o sujeito ao desejo, e não o desejo ao sujeito. Este último significa o progresso, conforme Freud o imagina em seu texto de juventude, o que força a metáfora da luta obstétrica, o médico obrigando a mulher a abrir-se para ele. A aparição do objeto transgressor parece oferecer satisfação, dominação e autoridade inigualáveis, tal como o amor infantil pela pequena Gisela leva o desejo de Freud ao máximo. Sabemos que foi esse amor que fez Freud cair em sua primeira depressão. Isso implica, entre outras coisas, a necessidade de luto e de elaboração. Talvez, segundo tal linha de pensamento, a psicanálise ainda tenha um trabalho de luto a fazer, não por Freud, como tantos alegam, mas pelas consequências dessa barreira ao objeto.

6. Finais freudianos

Pode-se encontrar uma espécie de elaboração em Freud: um encontro e colaboração com o desejo e seus limites. Tal elaboração modifica o relacionamento de Freud com o futuro, em particular com o futuro da psicanálise. Ao acompanhar como o modelo freudiano muda a partir do texto de 1910, pode-se identificar uma transformação radical. Realizei um pequeno estudo de todos os outros usos da palavra "futuro" em Freud e creio que não é possível encontrar outro artigo como este sobre "As perspectivas futuras da terapia psicanalítica". Ele só tocará no assunto novamente em um texto de 1919, "Caminhos da terapia psicanalítica", palestra feita em Budapeste, ao fim da Primeira Guerra Mundial, após o que ele chama de "anos de separação e duras provas". Freud diz que quer "fazer um balanço do estado de nossa terapia".[34] Para dizer o mínimo, seu tom mudou.

Ele começa dizendo: "Como sabem, nunca nos gabamos da completude e inteireza de nosso saber e de nossa capacidade".[35] É interessante como a ética que ele introduz nessa palestra é de abstinência. Tal como uma proibição edipiana, ela parece delimitar uma fronteira fundamental que estabelece a privação e a neutralidade como condições essenciais à prática psicanalítica. Quando ele fala de técnica, devemos ouvi-lo à luz do objeto edipiano que assombra sua obra em "As perspectivas futuras da terapia psicanalítica", e que Leclaire delineia em sua análise do desejo de Freud.

Podemos, em um aparte, imaginar que a resposta do campo a essa ética da abstinência – com desobediência flagrante, à la Ferenczi e Jung, ou, ao contrário, com uma frieza rígida e distante que muitos levaram à força de um decreto, ambas as quais causaram forte reação nas décadas mais recentes – tem a ver com o fantasma edipiano que Freud estava no processo de elaborar. A geração seguinte da psicanálise reage com desconsideração ou distância mecânica: ou perto ou longe demais.

Freud faz uma afirmação extremamente categórica:

> Recusamo-nos decididamente a transformar em propriedade nossa o paciente que se entrega a nossas mãos em busca de auxílio, a conformar seu destino, impor-lhe nossos ideais e,

---

[34] S. Freud, "Caminhos da terapia psicanalítica" [1919], in *Obras completas*, v. 14, trad. Paulo César de Souza. São Paulo: Companhia das Letras, 2010, p. 280.
[35] Ibid.

com a soberba de um Criador, modelá-lo à nossa imagem, nisso encontrando prazer. Ainda me atenho a tal recusa [...].[36]

Ao concluir, ele diz que se permitirá "abordar" uma situação que pertence ao futuro. Como muitos já sabem, ele espera que em algum momento a psicanálise se adapte para trabalhar com os pobres – o que poderá implicar algumas mudanças, porém estas iriam retirar seus meios mais eficazes de uma psicanálise "rigorosa e não tendenciosa".[37] Não consigo deixar de ouvir nessa frase que Freud excluiu da equação o desejo de criação, sua violência, a fantasia de gravidez. O desejo de olhar por trás do véu vê-se reduzido a uma ética da abstinência, que, ao contrário do que muitos alegam (em especial os analistas relacionais), se baseia na queda da autoridade do analista, na queda de seu desejo de domínio. Essa substituição não é algo da ordem de uma plenitude de conhecimento, de autoridade, nem dos movimentos progressistas de um exército de psicanalistas. Não se ouve mais falar na autoridade do analista, só na autoridade do inconsciente, do trabalho voltado à elaboração do desejo inconsciente em sua dimensão de singularidade.

A implicação é aquela que aprendi com Lacan: a saber, que o inconsciente não é simplesmente o que não é consciente, e que até aquilo que pode ser trazido à consciência não constitui uma espécie de anexação de território alienígena, feminino ou conceitual, mas algo mais radical. Traça-se o limite. O domínio, como ocorre no domínio sexual ou em qualquer outro campo, é uma fantasia, que, como na análise, tem a possibilidade de revelar nosso desejo de forma singular e se encontra no coração da elaboração psicanalítica. Sinto como se pudesse de fato escutá-lo: a menção da separação longa e difícil, a negação do orgulho, a ênfase na incompletude, na efemeridade, nos pobres.

A mudança que se dá entre os textos "As perspectivas futuras da terapia psicanalítica" e "Caminhos da terapia

---
36 Ibid., p. 288.
37 Ibid., p. 292.

psicanalítica" não é uma progressão linear de conhecimento. Deve ser vista como uma mudança na posição subjetiva de Freud em relação ao desejo inconsciente e que ocorre justamente devido a um trabalho aprofundado com a ideia de fantasia, curvando-se, conforme ele diz no trabalho de 1919, às forças superiores do inconsciente. A sua própria maneira, constitui um acerto de contas com o complexo de castração, no sentido lacaniano de atravessar o fantasma, e um trabalho de luto com relação ao objeto.

Para concluir com Freud, sei que todos conhecemos o valor da franqueza, mas espero ter explanado bem seu lugar como uma verdade psicanalítica específica que tem um peso formidável nessa angústia quanto ao futuro. O progresso pode se tornar uma ideologia marcada pelo fracasso implícito em operar com o desejo inconsciente. Como diz Terry Eagleton em *O debate sobre Deus: razão, fé e revolução*:

> Um excesso de luz, como bem sabia Edmund Burke, pode resultar em escuridão; um superávit de razão pode se transformar [...] numa forma de loucura. Um tipo de racionalidade que se desapega da vida do corpo e dos sentimentos não terá sucesso em moldar esse domínio subjetivo de dentro para fora [...]. A ideologia do progresso, para a qual o passado é algo pueril, a ser banido para as florestas primitivas da pré-história, rouba de nós o nosso legado histórico e, consequentemente, alguns de nossos recursos mais preciosos para o futuro.[38]

Eagleton prossegue citando Theodor Adorno, que, quase na mesma linha de Freud, afirma que "[s]eria recomendável pensar no progresso em termos mais básicos: que ninguém mais deveria passar fome, que não deveria haver mais tortura nem Auschwitz. Só então a ideia de progresso estaria livre de mentiras".[39] Lacan compreendia isso visceralmente.

---

38 Terry Eagleton, *O debate sobre Deus: razão, fé e revolução*. Nova Fronteira, 2011, p. 86.
39 Theodor W. Adorno apud ibid., p. 89.

VIDA ONÍRICA

A relação entre teoria crítica e psicanálise clínica francesa, em particular entre as figuras de Theodor Adorno e Jacques Lacan, passa por minha cabeça como uma longa cena faltante de um filme maravilhoso – um filme em que os dois parecem descobrir no outro um irmão perdido, um circulando ao redor do outro sem de fato chegar a se encontrar. O desencontro deve muito ao momento pós-Segunda Guerra Mundial e ao exílio dos teóricos críticos – na maior parte, alemães – nos Estados Unidos e aos problemas em torno do relacionamento com Martin Heidegger por causa de seus laços com o nacional-socialismo. Jürgen Habermas se volta contra a psicanálise, enquanto os franceses, perdendo terreno para a filosofia e a psicanálise alemãs no pós-guerra, finalmente não precisam de mais ninguém – a tal ponto chega sua arrogância. Há um racha institucional na psicanálise, Lacan é obrigado a sair da Associação Psicanalítica Internacional, e a psicanálise como prática clínica se torna irrelevante para a academia. Os últimos vestígios da psicanálise são cada vez mais profissionalizados, pouco lembrando a psicanálise de que se ocupavam tanto Adorno como Lacan.[1] Adorno morre em 1969, Lacan, em 1981. Um com um rolo de barbante, o outro usando fones de ouvido.

E, ainda assim, como podemos deixar de juntar *Dialética do esclarecimento* (1944), de Adorno e Max Horkheimer, e "Kant com Sade" (1963), de Lacan? Dois dos trabalhos mais assombrosos sobre a questão da civilização, as contradições do Iluminismo e a teologia do progresso, cuja névoa ainda hoje nos envolve. Os problemas incessantes que assombram a razão, especialmente as vicissitudes da moralidade, da culpa e do supereu ainda são encontrados claramente todos

---

[1] Para uma história da psicanálise francesa, ver Élisabeth Roudinesco, *História da psicanálise na França – A batalha dos cem anos, v. 2: 1925–1985*, trad. Vera Ribeiro. Rio de Janeiro: Zahar, 1988.

os dias na maior parte dos ciclos de violência neuróticos. Nas trevas do atual momento da psicanálise – uma prática em declínio, marginalizada, sem a energia da invenção, trazendo consigo um histórico abominável de má conduta ética, e cuja instituição é completamente clerical, tanto no sentido religioso como no burocrático –, eu anseio pelo que estava em jogo na questão da psicanálise para essas duas figuras.

A psicanálise em Paris galvanizou-se ao redor dos acontecimentos de Maio de 1968, e até esse momento não conseguira obter grande coesão em comparação às legiões de analistas e novas teorias analíticas nos Estados Unidos e no Reino Unido. Enquanto os teóricos críticos continuavam a sonhar, no exílio, com as possibilidades e as contradições do pensamento no cenário contemporâneo, abandonando o projeto da psicanálise como uma ideia melancólica de cura de um tempo pré-Auschwitz, os psicanalistas franceses, exilados do principal *corpus* institucional da instituição pós--Freud, começariam a enfatizar fortemente o exílio radical da disciplina freudiana. É possível pensar nessas vertentes como duas reações à guerra, duas reações ao exílio.

Para Walter Benjamin e Adorno, o pensar tinha de ser uma ciência melancólica, um trabalho de luto sem unidade final nem expurgo dos mortos, condizente com um histórico de atrocidades indizíveis. Benjamin falava da escrita como uma escrita da ruína, resgatando os luminosos fragmentos de vida descartados pela narrativa perfeita do progresso e da razão. Para Adorno, o aforismo era portador de um certo poder, espelhando a fragmentação do mundo. Ele desenvolveu o estilo paratático não hierárquico, esperando criar uma obra que não fosse objeto de consumo ou propaganda fáceis, uma obra em que a posição de sujeito e objeto vacilasse ao extremo.

A versão francesa psicanalítica da teoria crítica muda de direção com esse projeto: a melancolia como cura para a razão predatória é, para Lacan, a escolha forçosa entre a violência ou a melancolia num mundo injusto. Em vez disso, Lacan queria enfatizar uma terceira escolha, que ele encontrou na invenção de uma cura psicanalítica, a forma na qual um sintoma poderia se tornar um modo de vida, um etos ou uma posição ética, que sinaliza o desencanto final, o confronto com os limites da ilusão.

Mesmo que o mundo induzisse à melancolia, o desejo precisava ser forte, precisamente diante de verdades difíceis. Para Lacan, o que *é* nunca pode ser uma desculpa para se abandonar o desejo, o que em certo sentido define melancolia e neurose. Lacan não está julgando quem sofre de depressão, está frisando um argumento psicanalítico: tanto para melancólicos como para neuróticos, há a necessidade de escutar e de pôr seu desejo para funcionar no mundo, por mais quebrado que ele esteja. O analista não cura pela autoridade, e sim pela subversão da autoridade. A abstinência define a posição do analista que se depara com a ânsia do paciente pelo abuso de autoridade, o que legisla a personalidade do autoritário. O poder se manifesta para manter o desejo recalcado, e o desejo mina a dinâmica de poder.[2] *Como é possível deixar de ver, na mais perversa das fantasias, a tentativa de nos abrirmos à dor de existir como tal, à dor de ser um ser sexual?*, pergunta Lacan.

Ser um sujeito – da raiz latina *subiectum* – é literalmente ser "jogado embaixo de". O desejo envolve uma perda original. O Freud anglo-americano procura adaptar desejos, forçar formações de compromisso, curar a melancolia, apenas o suficiente, de forma que a pessoa possa ser bem-sucedida. O problema, tanto para Adorno quanto para Lacan, não se resumia ao pensamento superar a si mesmo, nem ao proletariado superar sua escravização, mas consistia em uma espécie particular de impossibilidade freudiana na tentativa de qualquer superação ou autorrealização. A divisão, o ponto da perda, é simplesmente impossível de superar. O trabalho com o desejo vira do avesso uma melancolia que era uma resposta justa, porém nunca final, a um

---

2 Ver Jacques Lacan, "A direção do tratamento e os princípios de seu poder" [1958], in *Escritos*, trad. Vera Ribeiro. Rio de Janeiro: Zahar, 1998.

inferno social formidável, a uma "fraternidade" da qual o homem nunca está à altura. Se revivermos o sonho desse projeto conjunto da psicanálise e da filosofia – uma ciência melancólica e uma ciência da melancolia –, talvez possamos reencontrar a visão singular de uma cura psicanalítica que também ofereça um diagnóstico palpável dos males e descontentamentos de nossa atual civilização e para a qual apontavam as obras escritas em tanta harmonia sobre Sade e a moralidade do Iluminismo.

Adorno sonha

Adorno manteve um diário de sonhos entre 1932 e 1969. Ele pretendia publicá-lo, mas só foi lançado postumamente, em 2007, sob o título de *Dream Notes* [Notas sobre sonhos].[3] Não conheço outro filósofo que tenha registrado seus sonhos com tanta extensão e detalhe. Talvez o único rival à altura desse diário de sonhos seja o do próprio Freud.

Não sabemos que utilidade Adorno pretendia dar à transcrição de 37 anos de sonhos seus, contando apenas com suas anotações meticulosas (transcritas por sua esposa). Somente duas notas incidentais – citadas pelos organizadores do livro – indicam um pouco de suas ideias a respeito desse registro de sua vida onírica. Adorno escreve: "Certas experiências oníricas me levam a acreditar que o indivíduo experimenta sua própria morte como uma catástrofe cósmica". E: "Nossos sonhos estão relacionados uns com os outros não apenas porque são 'nossos', mas porque formam um continuum, pertencem a um mundo unificado, assim como, por exemplo, todas as histórias de Kafka habitam 'um mesmo mundo'. Quanto mais tempo os sonhos passam juntos ou se repetem, maior o perigo de ficarmos incapazes de distinguir entre eles e a realidade".[4]

---

[3] Theodor W. Adorno, *Dream Notes*, org. H. Lonitz & C. Gödde, trad. Rodney Livingstone. Cambridge: Polity Press, 2007.
[4] Ibid., p. vi.

Que possível crítica o diário de sonhos de Adorno poderia oferecer à psicanálise, especialmente no que diz respeito a sua recusa de quaisquer associações ou interpretações; à insistência de Adorno em presentificar esse continuum-em-si? E, finalmente, o que a psicanálise poderia oferecer para a leitura dos sonhos de um filósofo?

Os sonhos de Adorno testificam, de certa forma, as dificuldades pelas quais ele passou após a Segunda Guerra Mundial. Uma coisa é certa: seus sonhos consistem basicamente em pesadelos. Se os sonhos são a realização de desejos, pode-se achar bastante difícil encontrar o desejo subjacente à angústia "nauseante" dos sonhos de Adorno. Muitos desses sonhos aconteceram entre 1941 e 1949, quando Adorno estava em exílio em Los Angeles, cidade que ele achava tão fascinante quanto aterrorizante. As diversas obras de Adorno que versam sobre a indústria cultural como uma espécie de barbarismo beirando a hipnose fascista das massas – cegando-as para a terrível situação do mundo[5] – se refletem em sonhos de festas lotadas de celebridades cuja promessa de prazeres inenarráveis se torna um labirinto inescapável em sua vida onírica. Nesses sonhos Adorno nunca obtém a desejada iluminação das massas, embora tente obtê-la, e acha difícil se fazer entender mesmo que remotamente. De fato, o diário de sonhos pode ter sido uma tentativa de continuar em contato com sua unidade interior durante um período de fragmentação histórica e desterro. O diário, como documento da vida onírica de um importante pensador, é extremamente sugestivo e – em sua singularidade incomparável – tem imenso valor.

Há também algo importante a considerar sobre essas duas afirmativas incidentais a respeito de sonhos. Elas servem como um indicador nítido de como mapear a obra filosófica de Adorno com o próprio projeto da psicanálise, que se funda no trabalho e na metapsicologia dos sonhos. O fato da morte é *mesmo* experimentado como uma catástrofe cósmica,

---

[5] Id., *Indústria cultural*, trad. Vinicius Pastorelli. São Paulo: Unesp, 2020.

e todo pesadelo ou sonho de angústia é uma tentativa de elaborar não apenas o trauma, mas também a aceitação da própria mortalidade e da fragilidade da vida. Os sonhos nos ajudam a confrontar aquilo que Lacan chamou de o real, que ele definiu como o impossível – o impossível de se pensar, o indizível e o não simbolizado, o objeto de angústia por excelência embrulhado em vários disfarces imaginários, da morte à genitália feminina e à castração. Muitos falaram do real como aquilo que irrompe no trauma: a presença súbita e inquietante da pura materialidade e mortalidade do corpo. Em Adorno, com certeza, a forma como aceitamos a mortalidade e o trauma da história tem importância inigualável.

Dizer que os sonhos estão ligados entre si e formam um continuum na lógica e na estrutura do inconsciente – demonstrando, portanto, uma espécie de unidade – é o mais próximo da teoria lacaniana do Outro que se pode encontrar em Adorno. O Outro é uma espécie de unidade, que aparece nos sonhos, nos lapsos, na livre associação, na transferência. Ele forma um mundo que é singularmente nosso, a sedimentação da história em linguagem, ainda que não tenhamos acesso direto a ele. No entanto, ele não é unicamente nosso, pois o Outro está vinculado à linguagem, à história e à cultura, unindo assim o indivíduo com a tessitura da ordem social. Claro: sendo Adorno Adorno, ele receia que tal mundo unificado venha a se tornar presente de maneira prematura, ou simplesmente presente demais. Pode-se pensar nisso como o problema com a psicose. Mas, ao contrário dessa suposição, do ponto de vista da psicanálise, o problema é que para a maioria de nós, neuróticos, este mundo, esta cena do Outro, não é presente o bastante. Estamos sempre surdos e cegos demais para ele. A cura não consiste em domar ou expulsar o Outro, mas em entabular trocas com ele. Como fazer isso?

Na fronteira desse tipo de paranoia em Adorno, a psicanálise e a versão dele de teoria crítica sempre se desencontram; em minha opinião, a crítica adorniana é muito excessiva, pois ele não consegue ver nenhum outro lado do trabalho psicanalítico. Adorno escreve em seu diário de sonhos que sua esposa lhe perguntou por que ele zomba de si mesmo nos sonhos, e ele respondeu sem pensar: "para espantar sensações de paranoia".[6] Portanto, ele reconhece o problema (ainda que apenas depois de sua esposa apontá-lo). É importante entender essa linha divisória entre o relacionamento paranoide com o Outro e a práxis teórica em relação a ele. Se ignorarmos sua última afirmativa sobre o perigo de os sonhos passarem muito tempo juntos e distorcerem a realidade, creio que veremos o profundo reconhecimento de Adorno da importância do inconsciente e como o contato com a vida onírica constitui um confronto com o desejo, capaz de informar uma forma ética de pensamento e criatividade (à la Kafka). Essa obra serve como base tanto para o pensamento crítico como para o etos curativo. Eu o irei demonstrar por meio da leitura de alguns de seus principais sonhos.

Sonhos são engenhosos e, é claro, em diversas ocasiões, os sonhos de Adorno são absolutamente brilhantes de um jeito que coaduna com sua forma de pensar e enxergar o mundo. Em 10 de setembro de 1954, Adorno escreve: "Sonhei que eu havia participado de uma discussão teológica [...]. Um palestrante explicava a distinção entre 'equibrium' e 'equilibrium'. O primeiro era equilíbrio interno e o segundo, equilíbrio externo. O esforço de tentar provar a ele que não existia esse tal de equibrium foi tão grande que acabei acordando".[7]

A falta de "equibrium" não só é o conteúdo central do sonho como também está contida em sua estrutura formal, já que o esforço de provar a falsidade da afirmativa do palestrante é tão grande que Adorno desperta, ou seja, perde o equilíbrio interno. A maneira como a forma acompanha o conteúdo é o que torna o sonho engraçado. Mas, por trás desse humor, pode-se também identificar um desejo, o desejo de algo impossível que chega a ser absurdo, o

---

6 Id., *Dream Notes*, op. cit., p. 54.
7 Ibid.

significante "equibrium". O significante aponta para uma ausência ou falta, evocando o desejo.

Para Adorno, essa coisa ausente se vê profanada pela extrapolação teológica do palestrante do que ele simplesmente presume que *existe*. Mas *não existe*. É isso que Adorno tanto sofre para tentar comunicar. Muito de seu pensamento se dirige a essa impossibilidade: "Se a vida errada não pode ser vivida corretamente [...], então por essa mesma razão [...] nela também não pode existir consciência correta".[8] A impossibilidade precisa ser contida em pensamento, mesmo que signifique um pensamento paradoxal, por exemplo, a verdade do sonho ser a não existência de "equibrium", que de qualquer forma não existe mesmo.

A mesma lógica opera em um de meus sonhos preferidos, sonhado muito antes desse último, em algum momento de novembro de 1942 em Los Angeles. Eis o sonho de Adorno:

> Eu estava conversando com minha namorada X sobre as artes eróticas nas quais eu a julgava proficiente. Perguntei se ela já havia feito *par le cul* ["pelo cu"]. Ela respondeu com muita franqueza, dizendo que era capaz de fazê-lo em certos dias, mas não em outros. Aquele era um dia em que seria impossível. A mim isso pareceu plausível, mas fiquei me perguntando se ela estaria falando a verdade ou se poderia ser um pretexto de prostituta para me rejeitar. Então ela disse que conseguia fazer coisas bem diferentes, coisas mais belas, húngaras, das quais eu nem havia ouvido falar. Em resposta a meus ávidos questionamentos, ela disse: "Bem, por exemplo, havia o Babamüll". Começou a me explicar. Logo ficou patente que essa suposta perversão na realidade era uma operação financeira altamente complicada, completamente incompreensível para mim, mas com certeza ilegal, algo como uma forma segura de passar cheques sem fundo. Fi-la notar que isso não tinha nada a ver com as técnicas eróticas que ela me havia prometido. Ela, porém, manteve-se

---

[8] Id., "Opinion Delusion Society", in *Critical Models: Interventions and Catchwords*, trad. Henry W. Pickford. New York: Columbia University Press, 1998, p. 120.

firme em sua opinião e respondeu em tom sobranceiro que eu deveria prestar atenção e ser paciente – o resto aconteceria por si só. Mas como eu havia perdido completamente o fio da meada da conexão entre uma coisa e outra, perdi as esperanças de algum dia descobrir o que seria Babamüll.[9]

A série formada ao redor do significante "Babamüll" é fascinante e hilária: *Müll* quer dizer "lixo" ou "desperdício" em alemão, *baba* está claramente referindo-se a bebês, mamadeiras, oralidade. Juntos, formam uma arte erótica prometida que suplementaria a impossibilidade do sexo anal, um ato sexual que no final se revela uma espécie de "operação financeira ilegal", tal como "passar cheques sem fundo".

Como não pensar na série inconsciente de Freud bebê = pênis = fezes = dinheiro?[10] Adorno quer um encontro erótico anal, para não falar em exótico, que não está nem de longe acessível ou disponível – "impossível", como diz sua namorada – e, quanto mais excitado ele se sente em sua expectativa, mais incompreensível fica a situação. As séries, como Freud as define, são representantes de pulsões que aparecem no lugar do que está irrevogavelmente perdido. Ao acompanhar esses avatares de pulsão e desejo, desliza-se pela cadeia de significantes no modo como já estão formados na rede inconsciente de desejos. Esse impulso no sonho de Adorno com frequência leva à necessidade concreta de algum ato transgressor-excessivo (*par le cul*). Adorno fica superexcitado ou desesperado. O objeto perdido aparece como desperdício, lixo, um aborto, algo que a psicanálise sempre associou à melancolia: a identificação com aquilo que cai, que é rejeitado, que está preso num exílio impossível, algo de que precisamos nos separar de forma radical.

---

9   Id., *Dream Notes*, op. cit., pp. 14-15.
10 Ver Sigmund Freud, "Conferência 23 – Os caminhos da formação de sintomas", in *Conferências introdutórias à psicanálise* [1916-17], *Obras completas*, v. 13, trad. Sergio Tellaroli. São Paulo: Companhia das Letras, 2014; J. Lacan, *O seminário, Livro 17: O avesso da psicanálise*, op. cit.

É por esse motivo que Freud, ao observar a melancolia, se perguntou se a pessoa precisava estar tão doente para conseguir enxergar essa verdade.[11]

Adorno deve ter paciência, é o que ele parece dizer a si mesmo. O objeto virá apenas em seu próprio tempo, por si só. Ele leva uma bronca altiva da namorada – "Tenha paciência! Preste atenção!". Mas o que vemos é que a pressa de Adorno quanto a esse objeto, ou distância obstinada, e a recusa dele de entrar em um jogo de desejos intercambiáveis – o sexo anal desejado em troca do Babamüll – provoca uma espécie de colapso. Um está tentando levar vantagem sobre o outro. Apesar disso, seria um erro achar que ele nada aproveitou da lição dada pela amante, pois Adorno sempre falou da necessidade de deixar falar a marca temporal particular do objeto, um dos motivos pelos quais ele tanto amava a música.

O diagnóstico adorniano do mundo contemporâneo como uma regulação impossivelmente burocrática da vida que imita um labirinto kafkiano vê-se representada de forma poderosa nesse sonho: o erótico se degrada em trocas anais, o ouro vira merda, que se torna uma papelada burocrática incessante, a fraudulência monetária. O mundo parece impossível de se navegar. Talvez a diferença entre esse sonho mais antigo e o sonho do "equibrium" é que o ponto de absurdo significativo é menos desesperador do que naquele, saturado da promessa não satisfeita de satisfação erótica. É preciso dizer que a "prostituta" e seu Babamüll aparecem em um dos últimos sonhos de Adorno. Dessa vez, ela é a "Senhora A", que exige que ele compre uma "máquina de lavar pinto" se quiser que ela use a boca ao fazer sexo com ele. Ele pensa com seus botões que ela deve ser uma vendedora da empresa fabricante da máquina, e desperta

---

11   S. Freud, "Luto e melancolia" [1915/17], in *Obras completas*, v. 12, trad. Paulo César de Souza. São Paulo: Companhia das Letras, 2010, pp. 180–81.

dando risada.[12] Talvez aqui a analidade projetada de Adorno encontre seu ponto humorístico.

É importante sublinhar que, se por um lado esses sonhos podem ser engraçados para nós, especialmente por sua lascívia, é obscuro – ou melhor, impreciso – o quanto são engraçados para o Adorno do sonho. A angústia de se ver privado, de ser tapeado e levado a ter esperança, parece caracterizar o pensamento filosófico de Adorno em seu pior, a saber, quando a paranoia é o único meio que ele tem para manter sua integridade. É sempre onde o significante aparece, implicando no desejo de Adorno, que vemos outra possibilidade; um desafio à desordem do mundo. E não se trata apenas de uma simples risada perante a corrupção presentificada pela figura da mulher, mas de uma espécie de reconstituição da realidade... o que é esse objeto prometido, mas elusivo? Babamüll, máquina de lavar pinto, equibrium.

Em grande parte foi *esse* o fascínio que eu senti ao ler o diário dos sonhos de Adorno: observar a possibilidade experimentada pelo Adorno do sonho como um espaço de fracasso, enquanto o sonho em si, o sujeito que não é exatamente Adorno, aponta o caminho adiante. Eu queria saber mais sobre o ponto onde o sonho parece anunciar algo novo e obscuro. O que se apresenta não é Adorno como o Adorno do sonho, nem Adorno o filósofo, mas o inconsciente como sujeito, aquele que determina ou escreve esse texto, que subverte tudo.

Com certeza, os textos de Adorno, e suas análises de literatura, são obras que procuram abrir espaço a esse Outro sujeito, a não identidade, o objeto. Adorno sentia que havia "uma outra linguagem 'para além da linguagem impotente dos seres humanos'", mas esta pode "não ser nada além da invocação do que não funciona e nem pode funcionar".[13] Ele percebe que existe uma linguagem por baixo, uma segunda linguagem que diz respeito a uma falha estrutural quase

---

12 T. W. Adorno, *Dream Notes*, op. cit., p. 75.
13 Jan Philipp Reemtsma, "Afterword", in *Dream Notes*, op. cit., pp. 92–93.

inevitável. Mas sua atenção muitas vezes se volta mais para a melancolia dessa falha do que para seu potencial – especialmente nos sonhos dele.

A cura no sonho

Gostaria de me voltar para um dos últimos sonhos registrados no diário dos sonhos de Adorno como um sonho de cura psicanalítica, a fim de realçar o problema da reconciliação. Existe uma espécie de acerto de contas entre esse Outro – o inconsciente – e nosso exílio permanente dele, que não precisa demandar nem nossa hipervigilância nem a paranoia. O sonho também libera uma forte reação sintomática em Adorno que – caso eu não tenha ultrapassado completamente meus limites como psicanalista (é preciso cuidado ao ler um texto, que nunca será a mesma coisa que a fala de um paciente presente) – pode se tornar um marcador crucial para os problemas do projeto conjunto entre a filosofia e a psicanálise clínica.

O sonho em questão ocorre em Frankfurt no fim de dezembro de 1959. Adorno sonha o seguinte:

> Sonho com execução. Decapitação. Não está claro se minha cabeça seria cortada fora ou guilhotinada. Mas, para deixá-la inerte, eu a coloquei sobre um sulco. A lâmina roçou meu pescoço, experimentando-o, de forma desagradável. Pedi ao carrasco que me poupasse e acabasse logo com aquilo. O golpe veio, mas não despertei. Agora minha cabeça estava jogada em uma vala, assim como eu. Esperei desavoradamente para ver se eu continuaria a viver ou se, após alguns segundos, todo pensamento cessaria. Logo, porém, não havia mais dúvidas de que minha existência prosseguia. Eu observei que meu corpo já não estava lá, mas que eu ainda permanecia, apartado de minha cabeça. Também parecia capaz de ter percepções. Mas então descobri horrorizado que todo canal pelo qual eu poderia me fazer visível ou me comunicar fora totalmente cortado. Pensei

com meus botões que o absurdo da crença em espíritos é que ela suprime o fator decisivo, aquilo mesmo que caracteriza o espírito em estado puro, a saber, sua invisibilidade absoluta, e que assim revela o espírito para o mundo dos sentidos. Nisso, despertei.[14]

Ao permitir, até incitar, sua própria decapitação, Adorno confronta a possível extinção de todo pensamento e consciência. Também se trata de um confronto com um trauma repetidamente imaginado, que permeia a maioria de seus sonhos. É o melhor que podemos esperar de um paciente – especialmente aqueles que procrastinam um encontro e incentivam uma alienação ainda maior, protegendo o desejo ao nunca permitir que ele encontre uma nova fonte de renovação. A mensagem do sonho parece ser a de que a vida é possível sem a supremacia da cabeça! É preciso que se deixe essa cena Outra falar.

Adorno está desarvorado para saber se continuará a viver. E continua, apartado de sua cabeça. Se por um lado ele consegue ter percepções, por outro descobre horrorizado que não consegue ser visto ou se comunicar. O que surge é uma espécie de verdade bidirecional. O que se perdeu não pode se manifestar no que conhecemos como os modos de aparição através dos sentidos – mostrar-se, comunicar-se. Por outro lado, o pensamento através da consciência e dos sentidos almejava essa coisa inacessível, traindo seu próprio espírito de invisibilidade.

Adorno parece surpreso no sonho por seus próprios pensamentos paradoxais: "Pensei com meus botões que o absurdo da crença em espíritos é que ela suprime o fator decisivo, a própria coisa que caracteriza o espírito em estado puro, a saber, sua invisibilidade absoluta, e que assim revela o espírito para o mundo dos sentidos". Esse sonho contém uma passagem para além da confiança na razão e na hipervigilância; um confronto com as contradições de querer

---
14   Ibid., pp. 63–64.

ser entendido e de ser visto, ou de ver e entender. O sonho é um sonho da precariedade não só do corpo, mas também do espírito como a natureza absolutamente oculta do objeto-em-e-para-si-mesmo, o objeto como *das Ding*. É esse o objeto com que Adorno se preocupa no mundo contemporâneo, onde nada é sagrado, nada tem a permissão de continuar invisível por muito tempo. O objeto conserva a dignidade, paradoxalmente, através do confronto de Adorno com uma falta dele mesmo.

Adorno me parece estar em um lugar significativamente diferente ao final do sonho, conferindo invisibilidade ao objeto através da imaginação de sua própria morte. Assim ele escreve, em *Teoria estética:*

> A dignidade da natureza é a de um ainda-não-ente, que recusa através da sua expressão a humanização intencional. Ela transmitiu-se ao carácter hermético da arte, à sua recusa, preconizada por Hölderlin, de todo o uso, fosse ele mesmo sublimado pela intervenção da sensibilidade humana. Pois a comunicação é a adaptação do espírito ao útil [...]. A completude, a textura e a consonância das obras de arte são a cópia do silêncio, unicamente a partir do qual fala a natureza.[15]

Buscar esse "silêncio" que deixa falar – e como não identificar o silêncio com a imagem do analista? – é a dignidade do objeto que é trocado de forma desvantajosa pela razão, ou pelo significado, ou pela utilização humana.

No vértice desse tipo de transformação e renúncia, encontrando-se morto, sem cabeça – inerte –, Adorno é capaz de empurrar sua ciência melancólica na direção da cura psicanalítica da melancolia, o meio pelo qual a "natureza" pode por fim falar ou encontrar sua voz, ou simplesmente permanecer na dignidade de uma espécie de silêncio. Esse silêncio sempre estabelece uma relação com a morte e, em outro sonho de execução do diário de sonhos de Adorno, o

---
15 T. W. Adorno, *Teoria estética*, trad. Artur Morão. Lisboa: Ed. 70, pp. 118–19.

condenado – outro homem – sobrevive à execução com seu esqueleto aceso, e Adorno desperta com o som do cadáver chamuscado cantando a plenos pulmões. Esse momento sonoro parece absolutamente jubiloso.

A decapitação da filosofia e da psicanálise

O sujeito do inconsciente de Lacan, e o Adorno para além de Adorno, é um sujeito acefálico (sem cabeça) cujo eu é eclipsado, guilhotinado. Um dos principais exemplos dessa estrutura dados por Lacan encontra-se em sua leitura do sonho de Freud sobre a injeção de Irma: que aqui foi descrito anteriormente como o sonho inaugural da psicanálise, o espécime de sonho. O sonho de Adorno tem uma inquietante ressonância com a interpretação que Lacan faz do sonho de Irma, o qual, para ele, anuncia o nascimento da psicanálise como possibilidade de escavação do desejo inconsciente. É claro que o fato de os dois sonhos envolverem uma decapitação estrutural parece crucial.

Para Lacan, o sonho inaugural de Freud tem um duplo movimento. O primeiro acontece quando Freud espia dentro da boca de Irma e encontra a estranha ferida na garganta dela. Lacan diz que Freud enfrenta a carne que ninguém nunca vê como uma revelação: *Você é isto que está tão distante de você, isto que é a absoluta falta de forma*. No momento desse horror, em que a maioria das pessoas teria acordado, o sonho se transforma em puro discurso e não há mais nenhum Freud. Não existe ninguém que possa dizer "eu". Todas as imagens do eu de Freud – homem, chefe de família, médico, pai, autoridade – são eclipsadas, enquanto os médicos palhaços começam a berrar seus diagnósticos cômicos. Assim, o sonho começa num salão de recepção, se volta para a boca de Irma, aparece o objeto horripilante, e aí o mundo visível desaparece em um rebuliço de discurso falso ou doxa. Somente aí, diz Lacan, outra voz pode ser ouvida, anunciando a solução para a doença de Irma, a injeção de "trimetilamina", cuja fórmula Freud vê em letras impressas em negrito a sua frente. A voz não é de Freud, mas vem de uma espécie de além.

O que é fascinante sobre a trimetilamina é, por meio das associações de Freud e de fatos derivados de dados biográficos, sabermos que ela quer dizer exatamente psicanálise: o relacionamento transferencial de Freud com Wilhelm Fliess; a pulsão na forma de substância sexual; uma poderosa teoria de hormônios premonitória; o significante purificado (na medida em que nada significa, ele mostra a essência do sentido); a superfície da sexualidade; e literalmente o número três ("tri"), que tem um lugar tão crucial na teoria psicanalítica, da tríade edipiana até a estrutura tripartida da mente, passando pelos diversos títulos triádicos de Freud, de *Inibição, sintoma e angústia* até "Recordar, repetir e elaborar".

Sabemos que Freud, depois de escrever *A interpretação dos sonhos* (1900), foi perfeitamente capaz de abandonar sua relação problemática com Fliess, cujas teorias paranoides e erros médicos são o pano de fundo para a culpa de Freud no sonho com Irma. Após *A interpretação dos sonhos*, a coragem de Freud ficou menos dependente da aprovação de uma autoridade imaculada que induzia paranoia e submissão cega ou vingança fantasiada. A relação de Freud com a autoridade se tornou menos incorpórea e superegoica.

A trimetilamina funciona como o que Lacan denomina significante purificado do desejo, e por causa dela Freud "se faz ouvir para nós" sem nem sequer tê-lo desejado, sem nem sequer ter reconhecido o que dizia: "eu, o criador, não sou o criador. O criador é alguém maior do que eu. É meu inconsciente, é esta fala que fala em mim, para além de mim".[16] Por causa desse sonho, a cura jamais voltará a estar ligada da mesma forma ao grupo de médicos do carro de palhaço, uma cura pela autoridade médica, nem estará ligada ao agregado de identificações de Freud com as queixas da paciente

---

16 J. Lacan, *O seminário, Livro 2: O eu na teoria de Freud e na técnica da psicanálise* [1954-55], trad. Marie Christine Penot e Antonio Andrade. Rio de Janeiro: Zahar, 1985, p. 217.

apalpada, incluindo a demanda de que a cura seja sexual, de que pacientes forneçam satisfação ou reconhecimento a Freud. O sonho deslinda o espelho no qual Freud vê a si mesmo – o bom doutor, o chefe de família – e a suas mulheres, estas como objetos resistentes que deveriam obedecer, mostrando-lhe como ele quer ser visto. É claro que aqui estou pensando na forma como as mulheres aparecem nos sonhos de Adorno.

Analisando em conjunto os sonhos de Adorno e de Freud, podemos especular sobre a relação entre os dois momentos no sonho – o encontro com essa estranha ferida e a possibilidade dessa solução. Pode-se encontrar tons dessa estrutura em muitas figuras do pensamento contemporâneo. A vida danificada é o último contato com uma antiga ferida para Adorno, que está na base do cunho revolucionário da obra de arte. O *acéphale* de George Bataille, o homem sem cabeça, não é apenas o ferido ambulante, mas também é o símbolo para toda uma série de soluções na forma de rebaixamentos sublimes de excessos e soberanias – merda, carne, sacrifício, ateologia e não conhecimento.

Espero que o leitor enxergue a importância da extraordinária conexão entre o sonho de Adorno com a guilhotina e o sonho de Freud da injeção de Irma. Há um desenlace do sonho de Adorno que ainda não mencionei. Adorno, após o sonho da decapitação, tem imediatamente um segundo sonho, na verdade, um pesadelo, em que precisa urinar, "desesperado e cheio de angústia de não conseguir me controlar". Ele encontra um mictório decorado com flores para uma festa de mulheres, no qual ele urina, provocando uma enorme inundação, urinando "sem ter mais fim". Ele desperta "com uma sensação de horror".[17]

É um momento que a psicanálise tenderia a pensar como um gozo uretral intenso e sintomático, literalmente como se o falo estivesse se reafirmando após ser decapitado. O eclipse do eu de Adorno, imagino, vê-se revertido por essa reafirma-

---

17 T. W. Adorno, *Dream Notes*, op. cit., p. 94.

ção fálica, por essa necessidade de controle e pela evocação de um horror corporal sem limites que submerge o desejo. O pênis, aqui, não é um órgão do desejo, que sempre inclui as vicissitudes da perda; o pênis é um objeto de uso, a saber, para urinar. Esse deslizamento do desejo sexual e das vicissitudes da perda à mera utilidade degrada a sexualidade a sua função, e sua função entendida como degradante. Por outro lado, talvez ouçamos os analistas clássicos alertando que a incontinência trai a presença de fantasias de masturbação, fantasias de onipotência e poder, que irrompem na cena primária. De qualquer forma, impotente ou onipotente, o que é mágico no sonho da execução para mim parece involuir para um jato de urina; a filosofia se torna um mictório decorado.

Embora Adorno escreva de forma impactante sobre seus próprios sentimentos de interminável degradação na vida contemporânea, cuja demanda pela felicidade sem dúvidas ele questionou, a própria ideia de conferir voz ao silêncio, de falar o indizível, aproxima-se mais da possibilidade do que todos os becos sem saída de um presente anulado. É esse movimento em U entre a impossibilidade e a possibilidade, entre a ciência melancólica e a ciência psicanalítica da melancolia, que sinto ser a linha mais difícil para Adorno sustentar. E, quando ela se rompe, para mim a obra dele colapsa e toma formas do juízo e do moralismo superegoico da crítica que ele sempre desejou evitar.

A VIDA DANIFICADA

Os pacientes parecem identificar-se com alguma parte do aparato da cultura, da civilização e da organização e administração da vida. Embora em certo grau todas essas partes possam estar presentes em todos os pacientes, algo emerge em primeiro plano como estrutura primária e possivelmente como identificação primária. Esta é a imagem do social que obtenho a partir do consultório e do que nela está danificado ou que danifica de forma precisa: a máquina, a sedução do poder, as condições da vida precária, o corpo e sua regulação pela tecnologia e pela medicina, o sadomasoquismo da lei e da vida abjeta, e a eterna tentativa de construir uma forma de sexo e gênero sob as restrições da misoginia e a absorção da família pelo capitalismo. Nisso tudo, será que há um novo tipo de ser humano, sobre o qual o consumismo e a indústria cultural levaram a melhor? Não sei. Essa imagem em si, para mim, já é cruel o suficiente. Cruel em especial porque a escolha da identificação, que Lacan em dado momento chamou de a "escolha da neurose", não é uma escolha. Ela é feita a sua revelia, resultado de uma série de contingências em torno de seu nascimento que levam a um caminho ou outro. A partir daí, cada um tem de inventar uma solução para conseguir viver, solução que por sua vez volta a contribuir para um mundo que continuará fazendo escolhas por outros que você não pode sustentar. O dano nos direciona a essa dívida impagável que herdamos como um desafio ético – não apenas como uma questão de pedagogia e cultura, de mudança social e ativismo social, mas também a continuação da vida da própria psicanálise.

A AÇÃO NA ANÁLISE

Entre 1967 e 1968, Lacan, logo após um seminário sobre "A lógica do fantasma", deu um seminário não muito conhecido chamado "O ato psicanalítico". Até então, a obra de Lacan focava as categorias fundamentais da psicanálise: eu, transferência, pulsão, objetos, repetição, identificação, angústia. Depois desse seminário, a ênfase de Lacan passa para uma questão ligada à especificidade da psicanálise: que tipo de discurso ela é, qual sua posição em relação às ciências, à universidade, ao capitalismo, o que é a verdade para a psicanálise, qual é a relação entre verdade e conhecimento, e assim por diante. O que pretendo apontar é que esse seminário é uma espécie de ponto de virada, tanto o ponto alto da obra de Lacan de 1953 a 1967 como uma mudança decisiva para o que se segue, a saber, o período de 1968 a 1980. Que uma questão sobre o ato crie uma mudança decisiva talvez já nos diga algo a respeito da questão do ato psicanalítico, que é destinado a criar, em sua ação, um "antes" e um "depois" discerníveis.

No começo desse seminário, Lacan indaga como a psicanálise pensava a ação, algo que parecia estender-se, por um lado, entre vincular ação e atividade motora, o arco reflexo e a descarga de tensão, e por outro a ideia de que o pensar, nessa base, podia ser visto como ação experimental, tolerância à frustração, suspensão de ação na direção da reflexão. A ação reflexa, como resposta a estímulos intoleráveis, ação automática, mal chega a parecer uma ação, e na verdade assemelha-se mais a uma reação, uma forma de fuga. Isso, aponta Lacan, consiste então no forro do pensamento, que pode ser simplesmente outro nome para inibição. Pensamento e inibição, especialmente quando tomados juntos, parecem ser justamente o oposto de ação, entendida como atividade intencional, como algo projetado para ter um efeito.

Lacan diz que o modelo de ação em Freud talvez seja encontrado mais claramente em algo como *Psicopatologia da vida cotidiana* (1901), em que a ação sintomática do paciente, como um ato falho, um meio ato, trai uma ação bem mais ampla, uma ação possível em relação a uma verdade desconhecida, que está no processo de emergência e da qual um sujeito pode se apoderar. Assim, temos o ato equivocado, que aponta para um ato mais potente por parte do paciente, alinhado ao inconsciente ou ao desejo inconsciente. Tal ação, nesse sentido psicanalítico distinto, diz Lacan, encontra-se paradoxalmente ligada à exclusão do ato sexual na esfera do conhecimento, concedendo à sexualidade seu caráter irredutível como verdade psicanalítica, na base da qual, segundo Lacan, Freud coloca a dimensão do ato. É por isso que a ação é sempre transgressora. Quando de fato funciona como ação, significa que somos forçados a cruzar certo limiar; que o ato sempre se manifesta em relação a esse terreno sexual inconsciente. É isso que ajudamos nossos pacientes a apreender.

Gostaria de trazer à baila Hans Loewald, porque tanto ele quanto Lacan colocam certa ênfase em um conceito de ação mais radical e são profundamente desconfiados não da ação – o que vemos quando analistas pretendem falar sobre pacientes *borderline*, *acting out*, ação sintomática, transferência desvairada, qualquer coisa não analisada e assim por diante –, mas da inação, do cessar da ação: inibição, defesa, recalque, superinterpretação, intelectualização e estase em geral. Analista e paciente parecem ter medo de cruzar certo limite e, para Loewald, isso não é nada mais que resistência ao inconsciente. Para Loewald, a linguagem e o eu de forma geral, como o insight, são inerentemente defensivos quando descolados da função da psicanálise, que é torná-los – fala, pensamento – mais próximos do ato criativo. E Loewald usa a palavra "ato" aqui para denotar que ele traz algo absolutamente novo à existência.[1]

---

[1] Hans W. Loewald, "On the Therapeutic Action of Psychoanalysis", in *The Work of Hans Loewald: An Introduction and Commentary*, org. G. I. Fogel. Lanham: Jason Aronson, 1991.

O inconsciente, portanto, especialmente em sua expressão através da transferência, não é de modo algum primitivo, imaturo ou irracional – é isso o que em meu entendimento Lacan quis dizer ao afirmar que o inconsciente está estruturado como uma linguagem, significando que é afim às maiores realizações da raça humana. Portanto, se enxergarmos a ação da psicanálise como o ato de afastar a transferência ou o inconsciente, estaremos prescrevendo uma versão estéril da vida; enquanto a transferência na situação analítica fornece o gancho para a emergência do inconsciente que, de resto, fica bloqueado na vida e condenado a viver uma "vida nas sombras", conforme coloca Loewald.[2]

Não encontraremos em Lacan palavras como crescimento, adaptação, integração, síntese, organização, amadurecimento – simplesmente não encontraremos. Também não gosto dessas palavras. A transferência, para Loewald, é o local de uma ação que ocorre na análise e permite a emergência do inconsciente como algo criativo, novo e curativo. E a pessoa deve ir *tão longe quanto possível*.

Muitos dos analistas em formação que acompanho envergonham-se da transferência de seus pacientes, e sei que isso se estende à própria transferência deles, em relação a professores ou outros. Mas trata-se de uma visão mal orientada da transferência, baseada na ideia de que a transferência é algo que você supera uma vez que esteja devidamente analisado e encontrou sua "maturidade" – ideia que para mim torna os analistas, paradoxalmente, *mais* suscetíveis à violação de limites do que essa visão de Lacan e Loewald. Creio que o que eles querem dizer é que deveríamos ter mais transferência, saber como usar a transferência, a transferência no cerne do inconsciente, esse terreno proibido da sexualidade, essa potência criativa. Então a transferência é colocada no centro de qualquer ação significativa na análise, produzindo um antes e um depois bem discerníveis. Enfatizá-la como forma de situar um maior senso de realidade ou a

---
[2] Ibid., p. 30.

capacidade de amar de forma mais "madura", seja lá o que isso for, seria uma receita para fazer analistas se sentirem fraudes no mundo inteiro e ficarem aterrorizados com a única ação que a psicanálise tem a seu dispor.

Tendo isso em vista, vou apresentar um de meus casos mais difíceis e vergonhosos.

A paciente era uma coreógrafa de 44 anos: eu a chamarei de Thea.

Seu caso era assombrado, desde o começo, por uma crença. Thea articulava desesperadamente, às vezes com raiva, o quanto ela precisava acreditar que eu acreditava nela, precisava que eu indicasse que compartilhávamos das mesmas crenças e pedia que eu validasse o que ela dizia como verdadeiro. Ao longo do tratamento, ela insistiu muito nesse ponto. Contou que foi uma mentirosa compulsiva na infância, que mentia para ver se os adultos acreditariam nela ou não, e, caso não acreditassem, queria ver que castigos lhe seriam infligidos. Mas se perdia nas próprias mentiras, e ainda se perde. Ela precisava extrair de mim alguma coisa relativa a essa questão da verdade.

Thea me procurou há dois anos, após fazer um aborto com seu parceiro, que também mantinha um relacionamento amoroso com diversas outras mulheres. Com grande rapidez, ela travou amizade com outra paciente minha que conheceu na sala de espera, bem mais jovem do que ela. Imaginou que nós três formaríamos uma espécie de sororidade. Por fim, irromperam ciúmes e agressões semelhantes àqueles entre irmãos e irmãs. Ela e a outra paciente pararam de se falar no mesmo momento em que o parceiro de Thea decidiu entrar numa relação monogâmica com uma de suas outras mulheres, e no mesmo momento em que me recusei a ir a uma das apresentações dela. E ela se enfureceu.

Thea entrou num estado alarmante de descompensação e aflição. Ela sempre havia dado trabalho, mas agora o tratamento foi tomado por afetos impossíveis, paranoia, acusações, e, por fim, uma série de *acting outs* que me perturbaram ao extremo. Foi essa transição pela qual se pode compreender o ato – dentro de todo esse caos, tanto o dela como o meu – que me levou a pensar esse caso no contexto da ação em psicanálise. Especialmente porque muitas vezes desejei recorrer a alguns dos piores clichês misóginos na psicanálise para menosprezar tanto ela quanto o que estava acontecendo: pensando com meus botões que ela era só uma dessas histéricas *borderline* traumatizadas, ou uma histérica amarga e raivosa que acreditava ser tarde demais (talvez se tivesse tido um filho as coisas seriam diferentes?), ou, talvez, uma rainha do drama... Eu pensava tudo isso como forma de menosprezá-la, o que nada mais era que resistência à verdade que estava emergindo e importunando nós duas.

Thea lotava meu celular de mensagens: de voz, de áudio, de texto, do Messenger do Facebook. Esse laço comigo parecia conservá-la inteira, ainda que de forma precária. O fato de o homem e a amiga terem-na deixado desencadeou uma espécie de raiva a respeito do aborto, e ela afundou cada vez mais num tormento afetivo sobre ter perdido aquela criança. Aqui está a série de acontecimentos que ilustra o ato psicanalítico: a mãe de Thea veio à cidade pela primeira vez desde que ela começara o tratamento comigo, e Thea começou a usar *poppers* até o ponto de desmaiar. Essa pulsão de morte nela me pareceu nova; diferente do caos suicida dramático que geralmente a circundava de forma estática. Ela disse que precisava usar *poppers* para conseguir respirar, que algo estava acontecendo com seu pescoço e tórax e que aquilo era a única coisa que a ajudava. Queria uma espécie de pausa em sua cabeça, uma forma de ficar inconsciente.

Eu lhe disse que não ia agir como se ela estivesse simplesmente obtendo ajuda para respirar melhor quando na verdade estava se intoxicando. Falamos pela primeira vez em profundidade sobre a autodestrutividade da mãe dela, sua anorexia, o fato de que, apesar de conversar com a mãe dia sim, dia não, não conseguia ficar perto dela. Algo havia acontecido com ela, algum excesso em sua mãe era difícil de suportar.

Então ela tentou falar com o antigo parceiro sobre seus sentimentos em relação ao aborto. Ele a evitou e ela foi incapaz de confrontá-lo de verdade, e se indagou em sessão por que fora incapaz de confrontá-lo de verdade. Em sessão, começou a protegê-lo e a falar que estavam destinados um ao outro, sabia disso, e que ele simplesmente precisava de tempo. Perguntei a ela, por que ele era tão protegido? Por que a raiva dela estava sendo direcionada a outra mulher? Observei que o pai dela, de quem ela nunca falava, me intrigava. Ela disse: "Sempre havia outras mulheres... Nunca te falei delas?".

A questão de a mãe ter sido abandonada por causa dessas outras mulheres, e da violência da mãe versus a ausência do pai, tornaram-se centrais no tratamento. A mãe dela me contatou do nada por e-mail para me contar a seguinte história, na expectativa de que ajudasse sua filha: quando Thea tinha três anos, a mãe, o marido e Thea estavam na casa dos pais da mãe para brincar com um porquinho-da-índia de estimação. A mãe estava no porão e ouviu um ruído, e ao chegar lá em cima, encontrou o porquinho-da-índia com a pata quebrada. Ela acusou Thea de quebrá-la, a menina não negou, e a partir daquele momento a mãe parou de tocá-la, ou a tocava com rudeza, tendo decidido que ela era "filha do demônio" (palavras dela). Cerca de seis meses depois, estrangulou Thea, teve a sensação de querer matá-la, mas a largou no último segundo e hospitalizou-se voluntariamente. Na verdade, fora o pai quem quebrara a pata do animal, com um chute. Thea protegera o pai. De repente, os *poppers* fizeram mais sentido para mim, a questão paradoxal de constrição e respiração.

Não falei muito sobre o e-mail; não estava claro para mim o que era verdade. Também não entendi meu ceticismo quanto à verdade do e-mail. Algo era verdade. Mas nem sempre está claro o quê, especialmente *nesse* caso. O que parece psicanaliticamente verdadeiro é a sequência de acontecimentos seguintes ao e-mail. Thea me contou que as duas vezes em que usara *poppers* antes foram quando trabalhara como babá, e que sempre que se aproximava de crianças sentia uma vontade incontrolável de bater nelas, e batia mesmo – algo de que sentia profunda vergonha. Isso aconteceu quando ela era uma garota de doze anos e nas duas outras vezes em que usou *poppers* como jovem adulta. Especialmente depois de algum homem a abandonar, ela se sentia desamparada quando tomava conta crianças.

Eu lhe contei que agora entendia por que ela fizera um aborto. Thea disse sentir terror de ter um filho e do que poderia fazer com ele; e conseguimos entender esse medo em relação a um histórico de confusão e violência sexual numa família que não conseguia separar sexo de morte. Pela primeira vez o aborto não era simplesmente algo passivo, o problema de um homem violento ou negligente que a privara de um filho, uma situação em que ela tinha sido enganada. De repente, o tratamento ganhou certo arco. Há uma linha clara demarcando o antes e o depois do surgimento desse conhecimento. Aqui temos verdade inconsciente, sexualidade, ato.

O mais interessante, depois disso, é que a raiva do pai emergiu. Em sessão, eu contorcia meu rosto enquanto ela declarava que ia se vingar do pai por negligenciá-la e sempre escolher as amantes, uma das quais era especialmente cruel com ela. Essa mulher muitas vezes impediu que o pai ligasse para ela. Apesar de a escutar, eu sentia uma estranha irritação com o fato de que a sequência anterior de acontecimentos estivesse levando a mais vitimização e a mais vingança. Havia também alguma coisa na forma como ela falava, uma espécie de drama, que me deixou cética, ou brigando contra meu ceticismo.

Ela disse: "Você não acha que tenho direito de estar brava com ele? Por que está fazendo essa cara? Você precisa me ajudar e explicar essa sua cara para mim!". Eu não soube o que dizer. Eu estava *mesmo* fazendo uma cara. Fiquei perturbada com meu ceticismo em relação a Thea. De repente eu me vi dizendo que compreendia a raiva que ela sentia do pai, mas que me sentia confusa porque para mim não estava claro o que era uma reação às falhas dele, o que era uma reação à exclusão normal de uma filha de um relacionamento adulto parental, e o que era uma reação a uma espécie de sedução da parte dele, que ligava para ela quando a namorada não estava, de forma que, em vez de estar perdendo, como de modo consciente dizia sentir que estava, ela na verdade estava ganhando. Daí minha cara.

Ela parou, pensou e disse: "Ah... Por que não disse isso antes?". E então abriu-se toda uma nova história na qual o lugar dessas namoradas (de modo bem similar ao caso Dora de Freud, e a paixão dela pela amante do pai como forma de ancorar seu senso de si mesma como mulher) tornou-se o centro. Essas mulheres muitas vezes seduziam Thea e a abandonavam, inclusive a última mulher, que se tornou a segunda esposa do pai. Na verdade, disse que ela e essa mulher é que pareciam estar tendo um caso secreto, e não a amante e o pai, porque ela costumava ir de carro ver as apresentações de Thea e lhe enviava cartões, chamando-a por seus nomes artísticos e assinando "Sua fã" – tudo isso sem contar para o pai.

Thea, claro, não contou nada para a mãe, pois ela ficaria arrasada se soubesse. No fim, a outra mulher acabou se voltando contra ela, disse ao pai que Thea era "problemática" e o fez adotar legalmente a filha dela mesma – numa repetição do incidente com a mãe, em que Thea foi julgada como má e assim conservou intacto o casal parental. Isso acabou com Thea. As mulheres do pai eram belas e descoladas, diferente da mãe, e Thea pensou que fossem salvá-la. Foi nesse momento que, já moça, ela passou a cuidar de crianças e a bater nelas.

Compreendi melhor quem eu era na transferência: a família feliz com duas filhas que de repente preferia a outra filha, mais nova, a mãe bonita que ela queria que fosse a suas apresentações mas não ia, o que lhe parecia um prelúdio a ser abandonada por ela. Tudo isso de repente ficou mais claro em retrospecto. O que vemos, então, não só é uma série de atos que trazem à tona uma verdade relativa a questões de sexualidade, posição sexual e identidade, além da pulsão sexual impossível conforme ela percorre nosso corpo, mas também uma encenação impressionante no tratamento, uma vontade de dramatizar e repetir na transferência, que em conjunto termina por nos obrigar a acreditar, a enxergar parte da verdade. Thea, em certo sentido, é o receptáculo absoluto; receptividade total, um conduíte afetivo intenso numa espécie de abertura histérica que sempre pode parecer suspeita, dramática, mas que a analista precisa aceitar caso queira que a verdade apareça. A psicanálise precisa tirar proveito, contra toda resistência por parte da analista, dessa aptidão para a transferência.

Thea me considera responsável e eu, a ela. Digo isso sem implicações moralistas sobre um eu autônomo, ou uma versão de si respeitável e responsável, ou uma ideia de sexualidade madura, e mesmo sem qualquer ideia de autenticidade, mas sim pelo que está em jogo entre nós: aquilo que Lacan chamou de parceiros de sintomas, o que também é verdadeiro para amantes. Thea me ajuda a escapar de meu próprio projeto – o projeto terapêutico – ao torná-lo impossível. Ao desejar que o tratamento seja psicanalítico, através de mim, o sintoma se desembaraça na direção daquilo que existe nele – uma verdade, uma ação – e cabe somente a ela obter.

Ela me recorda do significado de ser analista e de como localizamos esse lugar vital/letal no corpo dela, a ingestão do *phármakon*, que é tanto veneno como cura – encarnado na droga que ela toma. O *phármakon*, no caso da histeria, é a chave para um excesso tanto de vida quanto de morte num encontro com essas outras mulheres, um encontro com a presença desorganizadora da sexualidade conforme ela nos é transmitida. É preciso lembrar que essas mulheres não se limitaram a descarregar sua pulsão de morte em cima de Thea: também foram fonte e apoio do amor dela pela performance, da coreografia de corpos no palco. O outro *phármakon* na psicanálise é a transferência, tanto chave para a cura como, paradoxalmente, seu maior obstáculo. A analista precisa aceitar a saraivada de ações, de transferência, acreditando no que ela torna possível. Ouvi dizer que Thea é uma ótima coreógrafa.

TERMINE SUA ANÁLISE!

Queria trazer os cinco casos famosos de Freud, porque para mim eles tocam no tema, se não na necessidade, de deixar de vez a análise.

O pequeno Hans[1]

Um menino fóbico de quatro anos que passa de pequeno Don Juan a viver em um mundo mítico e animista onde os animais mordem e rugem, e às vezes caem ou se sentam sobre você. O pai, trocando cartas com Freud, conduziu a análise de Hans. A mãe era paciente e o pai, aluno de Freud, e o entusiasmo deles pelo "senhor professor Freud" foi apreendido por Hans, que quando se dava mal por causa de alguma traquinagem dizia: "Tudo bem, podemos contar isso ao professor". O pequeno e brilhante Hans não consegue fazer os pais contarem-lhe a verdade sobre de onde vêm os bebês. Então se abriga em mitos de cavalos que falam sobre o corpo grávido, inseminação e parto. *Freud* emperra na ideia de que a fobia de cavalos estaria ligada ao medo que Hans tem de ser castigado pelo pai por querer se aninhar eroticamente com a mãe. O que parece ser mais decisivo, obviamente não nessa interpretação, é o único momento em que Hans vai conhecer Freud, que o situa em uma linhagem de homens: "Eu sabia antes de você nascer que seu pai queria um menininho como você, assim como o pai dele o quis". "Então o professor fala com Deus?", perguntou Hans ao pai quando voltavam para casa. Analistas especularam que essa interpretação foi lançada como um feitiço protetor que salvou Hans da mãe, que na realidade

---

[1] Ver Sigmund Freud, "Análise da fobia de um garoto de cinco anos ('O pequeno Hans')" [1909], in *Obras completas*, v. 8, trad. Paulo César de Souza. São Paulo: Companhia das Letras, 2015.

não era uma figura de aspiração erótica, mas uma mulher ciumenta, insegura e intrometida, que se sentia excluída do pacto fraternal ora estabelecido. Ela foi embora quando Hans concluiu seu tratamento e levou consigo a filha, que depois acabou cometendo suicídio. Hans cresceu e se tornou um dos principais diretores da Metropolitan Opera de Nova York, ainda encenando histórias. Conta-se que Freud comprou um cavalinho de balanço para o pequeno Hans.

Dora[2]

Única mulher sobre a qual Freud escreve extensamente, Dora é levada pelo pai para ser tratada com o objetivo de que Freud a desiluda da ideia de separá-lo da amante, que ele nega ter. Dora conta a Freud outra história: ela está sendo oferecida pelo pai como moeda de troca ao marido da amante. Freud, para darmos crédito a ele, não compra as mentiras do pai, mas faz a Dora uma pergunta mais ou menos assim: *Tudo o que você diz é verdade, mas o que você quer nessa história?* Freud não tolerará as queixas das belas almas que reclamam de transtornos que não conseguem enxergar em si próprios. Ele faz Dora se voltar para si mesma. Através dos sonhos dela, descobre que na verdade ela havia protegido a própria amante de que tentava se livrar, facilitando o caso e tornando-se sua peça-chave. *A quem ela serve? Quem ela está protegendo?* Tal revelação abre a porta para a questão de sua sexualidade feminina – Dora, atordoada, parada duas horas em frente à Madona da Capela Sistina, cujo rosto virginal também é a imagem do horror perante a crucificação. Nesse ponto ela fecha a porta de repente na cara de Freud. "O senhor sabe que essa é nossa última sessão?" "Como eu poderia saber, você não me falou nada", responde Freud. "Decidi faz duas semanas", retorque

---

[2] Ver id., "Análise fragmentária de uma histeria ('O caso Dora')" [1901/05], in *Obras completas*, v. 6, trad. Paulo César de Souza. São Paulo: Companhia das Letras, 2016.

ela. "Isso parece mais uma criada dando aviso prévio", responde ele. Jane Gallop tornou-se famosa por dizer que Dora fodeu com Freud na porta, algo que ela vira acontecer com tantas mulheres, especialmente criadas, no patriarcado do Império dos Habsburgos.[3] Dora o deixou no limiar, mas ao fazê-lo, deu uma lição a Freud sobre o poder da transferência. Afinal, alguém que "desperta os piores demônios que, imperfeitamente domados, habitam o peito humano, a fim de combatê-los", escreve Freud, dez anos depois, "tem de estar preparado para não sair ileso dessa luta".[4]

O Homem dos Ratos[5]

Um homem obsessivo fica gravemente doente porque um acontecimento, à maneira de uma tempestade perfeita, condensa a essência de seu trauma familiar com um erotismo anal já superexcitado que ele desenvolvera quando jovem e que se centrava justamente ao redor da palavra "rato". Só a psicanálise consegue contar uma história como esta: durante exercícios do treinamento militar, um soldado raso – o Homem dos Ratos – perde os óculos e ouve duas coisas de seu cruel capitão: que ele deve dinheiro ao Tenente A por seu novo par de óculos e que há uma forma peculiar de tortura no leste, que consiste em colocar uma panela cheia de ratos sob as nádegas de um soldado preso, que então penetravam em seu ânus. Freud desdobra a palavra "ratos" em um processo de análise que leva um ano, perambulando por referências pessoais a dinheiro, morte, sexo, agressividade e religião. O pai do Homem dos Ratos, descobre Freud,

---

3 Jane Gallop, "Keys to Dora", in *In Dora's Case: Freud, Hysteria, Feminism*, org. C. Bernheimer e C. Kahan. London: Virago, 1985, p. 215.
4 S. Freud, "Análise fragmentária de uma histeria ('O caso Dora')", op. cit., p. 304.
5 Ver id., "Observações sobre um caso de neurose obsessiva ('O Homem dos Ratos')" [1909], in *Obras completas*, v. 9, trad. Paulo César de Souza. São Paulo: Companhia das Letras, 2013.

ficara igualmente devendo a um tenente – por dívidas de jogo – quando estivera, também *ele*, no exército, dívida que só foi paga com o dinheiro obtido ao casar-se com a mãe do Homem dos Ratos, que era bem de vida, mas não a mulher que ele realmente amava. A mãe e o pai do Homem dos Ratos tinham fixação nessa transação, base de todo insulto e contrainsulto lançado no ambiente familiar. Os ratos eram a moeda do amor, encarnada no sintoma do Homem dos Ratos de acreditar que, caso fizesse x, y ou z, seu pai e sua namorada seriam ambos castigados com a tortura dos ratos. O pai dele, aponta Freud achando graça, já estava morto naquele momento. A beleza disso é que tal sintoma atrela o pai à imagem do ser amado e estabelece o verdadeiro casal parental que deseja um ao outro por algo mais que somente dinheiro/rato. Freud pede ao Homem dos Ratos que não o pague com ratos, mas os transforme naquilo de que eram realmente compostos, ou seja, o desejo *dele*. O Homem dos Ratos casou-se com a mulher que amava, em vez da pessoa com quem a mãe desejava que ele se casasse por dinheiro.

Daniel Paul Schreber[6]

A análise do juiz psicótico Schreber é o único caso de Freud que não se baseia em um de seus pacientes diretos. Trata-se da análise das memórias escritas por Schreber depois de sua queda na psicose, ocorrida após ser promovido a juiz-presidente no Supremo Tribunal Regional de Dresden. Na paranoia dele, Deus lhe falava através dos raios de sol, monitorando a evacuação e outros prazeres corporais de Schreber, intensificando-os a ponto de doerem, enquanto chilreava feito um pássaro tanto em alto como em baixo-alemão. O que Freud descobre é que os delírios paranoides

---

6 Ver id., "Observações psicanalíticas sobre um caso de paranoia (*dementia paranoides*) relatado em autobiografia ('O caso Schreber')" [1911], in *Obras completas*, v. 10, trad. Paulo César de Souza. São Paulo: Companhia das Letras, 2010.

são curativos de uma destruição mais geral movida pela psicose, na qual o desejo se retrai para dentro, destruindo todo o contato com o mundo exterior. É preciso criar um gancho ou laço que vincule o sujeito de volta ao mundo, e as fantasias de delírio paranoide funcionam como tal sutura. *Essa lição vale para todo mundo*, e Freud a radicaliza: o desejo cria nosso lugar no mundo. Para Schreber, Deus penetrava seu corpo com os raios de sol para poder transformá-lo em uma mulher, a noiva Dele. Schreber seria fecundado para repovoar a Terra. O delírio o devolvia ao mundo com um futuro antecipado. Schreber, estabilizado por essa crença, profere um argumento sólido para ser libertado em uma audiência judicial, alinhando-se à lógica de Cristo. "Posso ser libertado porque meus delírios não me levarão a agir. Meu reino", diz ele, "não é deste mundo". Era algo logicamente irrefutável. Schreber foi libertado e viveu uma vida pacífica até falecer em 1911.

O Homem dos Lobos[7]

Por fim, existe aquele que, para mim, é o caso mais trágico de Freud. O Homem dos Lobos, por ter dinheiro demais e um ganho secundário grande demais decorrente de sua doença, na verdade não consegue pagar, ou seja, não consegue sacrificar seu sintoma em nome de sua análise. O dinheiro não significa nada para ele. Ele se diverte demais vivendo uma dependência de Freud, levando este último a fazer algo que nunca mais voltaria a fazer: forçar o fim da análise. O prazo era de três meses, não importava o que acontecesse. Como alguém obrigado a confessar sob a mira de uma arma, o Homem dos Lobos revela as chaves de sua neurose, e uma das principais era uma cena primária que o assombrava, os pais dele fazendo sexo por trás, o pênis do

---

[7] Ver id., "História de uma neurose infantil ('O Homem dos Lobos')" [1914/18], in *Obras completas*, v. 14, trad. Paulo César de Souza. São Paulo: Companhia das Letras, 2010.

pai magicamente aparecendo e desaparecendo dentro do corpo curvado da mãe, o Homem dos Lobos assistindo, criança, após tirar uma soneca febril certa tarde. Seu desejo, filtrado por essa cena, incrusta-se num pesadelo em que lobos em uma árvore diante de sua janela o olham fixamente com um olhar castrador. A transposição de Freud: *O olhar deles é o seu, a janela se abriu como seus olhos naquela tarde*. Mas essa rememoração forçada não funciona. O Homem dos Lobos nunca chega a recuperar seu desejo dos escombros daquela cena. Alguns anos depois do fim de sua análise, ele acredita que seu nariz está se desintegrando e anda sempre com um espelho, transfixado pela imagem do que pode vir a desaparecer. Ele fez análise pelos sessenta anos seguintes e, num estranho ato de reversão, após perder todo seu dinheiro depois das duas guerras mundiais, ele se torna uma espécie de encargo para a instituição psicanalítica, aparentemente sendo pago por ter sido um famoso paciente de Freud. O doloroso desfecho: ele assume o nome que Freud lhe havia dado, publicando e pintando não como Sergei Pankejeff, mas como o Homem dos Lobos, fundindo-se com a história de seu caso.

Esses são os cinco casos de Freud e, para mim, as histórias deles são as nossas. Elas cobrem o espectro. É possível se identificar em cada uma delas graças ao modo universalizante que era a ética de Freud. Qual o final que você deseja? Tortura por ratos, arrebatamento diante da Madona, o destino de uma criada, animismo-com-fraternidade-entre-homens, o escrutínio de uma matilha de lobos, seu nariz grudado em um espelho, ser uma criança famosa, ser a esposa de Deus? Todos os pacientes de Freud tiveram de encontrar uma forma de desejar por meio de seu sintoma, e não fora dele.

[2]
DESCONFIE DE MELHORAS

VARIANTES DE UM PADRÃO

I

"Variantes do tratamento-padrão" é um dos trabalhos menos lidos de Lacan do verão de 1954.[1] Ele parte da questão do que constitui o tratamento psicanalítico "padrão", de modo a saber o que constitui uma variante, e tem a intenção marcada de demonstrar não só que a técnica se tornou cada vez mais dominada por ações que se afastam da fala do analisando, mas também como, ao falar em "padrões", os analistas parecem mais preocupados com sua "posição", ou seja, com seu próprio prestígio e poder. Nesse trabalho, Lacan estabelece alguns de seus princípios básicos a respeito de escuta, interpretação e posição do analista, além de algumas diretrizes surpreendentemente diretas quanto ao que é necessário na formação de analistas.

A formulação do título merece ser mencionada, pois em todo o trabalho existe um deslizamento entre os termos "tratamento-padrão" e "cura típica". Em francês, o título é *Variantes de la cure-type*, ainda assim tanto *traitement standard* como *cure-type* são utilizados para caracterizar a norma para o trabalho psicanalítico. Embora a tradução para o inglês tenda a se concentrar nos termos *standard* ("padrão") e *treatment* ("tratamento"), o texto em si busca deslocar as diversas noções aceitas de tratamento, almejando a especificidade da cura psicanalítica. O adjetivo "padrão" parece mais formal e normativo do que "típico", que além disso possui a conotação coloquial de "tipo", como se fosse a escolha de uma coisa entre várias. Muitos já comentaram que é a primeira vez que Lacan utiliza a palavra "cura". Assim, embora "padrão" e "tratamento" sejam os significantes centrais na tradução para o inglês, "cura"

---
[1] Jacques Lacan, "Variantes do tratamento-padrão" [1955], in *Escritos*, trad. Vera Ribeiro. Rio de Janeiro: Zahar, 1998.

acaba escapulindo como a palavra de maior importância para Lacan.

Do ponto de vista etimológico, o termo "cura" remonta ao latim *cura*, que significa "cuidado", e Lacan se afasta do modelo médico que vê a doença como uma perturbação momentânea num sistema que deveria ser mantido em homeostase, aproximando-se de uma concepção de cuidado e preocupação que implica algo contínuo e cujo objetivo final não é nem transitório, nem um retorno à norma (ou padrão), mas um estado totalmente novo. "Cuidado" tem dois significados: preocupação ou perturbação, e interesse ou atenção – cuidado como fardo e como zelo. Heidegger aponta para o cuidado como algo que se estende entre a Terra e o divino; o fardo que nos derruba e o interesse que nos levanta. Cuidado, nesse contexto heideggeriano, eleva-se a um modo de Ser que nos chama de volta a nós mesmos vindos da fuga, da angústia, da insignificância e da alienação. Ele nos abre de novo a um sentido de tempo e de futuro. O jogo entre cuidado e cura, meios e fins, parece crítico para compreender o que está em jogo no texto de Lacan. O que queremos dizer com cuidado psicanalítico e cura psicanalítica? Trata-se de uma questão da ética da psicanálise.

Existem outras virtudes ocultas em "Variantes do tratamento-padrão", e uma das maiores é o contexto desse texto, que forçou Lacan a revisar a literatura da disciplina de modo mais sistemático. Isso se evidencia nas conexões surpreendentes que ele traça e nas leituras detalhadas (muitas vezes bastante críticas) dos trabalhos de figuras importantes como Anna Freud, Edward Glover, Michael Balint, Sándor Ferenczi, Wilhelm Reich e Theodor Reik, e figuras menores como Richard Sterba, Alice Balint, Maxwell Gitelson e Robert P. Knight. O estilo retórico de Lacan não é tão virulento quanto no texto técnico de 1958 ao qual costuma ser comparado;[2] ele ainda não havia sofrido a traição dos colegas da Société Française de Psychanalyse [SFP, Sociedade

---

2   Id., "A direção do tratamento e os princípios de seu poder" [1958], in *Escritos*, op. cit.

Francesa de Psicanálise]. Devemos ter em mente que a crise relativa à prática da sessão curta por Lacan começou por volta de 1951. Além disso, sua saída da Société Psychanalytique de Paris [SPP, Sociedade Psicanalítica de Paris] para a SFP aconteceu na época em que ele escrevia esse texto. No entanto, naquele momento Lacan ainda integrava o corpo freudiano, a ampla comunidade de analistas (só em 1963 foi excomungado da International Psychoanalysis Association [IPA, Associação Internacional de Psicanálise]), e ainda não fora forçado, devido a sua exclusão da associação freudiana "autorizada", a ser lacaniano. Sua posição com certeza estava em risco e ele era visto como uma ameaça, mas, no verão de 1954, ainda não estava nada claro a que ponto a instituição chegaria. De novo, a tradução do título do francês *cure* [cura] para o inglês *treatment* [tratamento] revela algo importante que reflete diretamente essa situação: em francês, na época da redação do texto, podia-se encarar Lacan como alguém que tentava efetuar um deslocamento de tratamento para cura, na direção de sua leitura pessoal de Freud; em inglês, a leitura retrospectiva do artigo já publicado levava-o a comentar o tratamento-padrão a partir de uma posição desviante.

Até hoje o campo enfrenta uma série de impasses sobre a definição de tratamento, impasses que Lacan tentou trazer à tona nesse texto há quase setenta anos. Sua exasperação pessoal, a gravidade de seu tom e sua ilustração da tragicomédia da psicanálise em meados do século XX são, por um lado, absolutamente aplicáveis ao meio profissional atual, mas por outro, dado que estamos em um novo momento definido pelo declínio da psicanálise, com sua remarginalização tanto no âmbito da medicina como das humanidades, o artigo pode assumir para quem lê igualmente um tom profético ou melancólico. Ainda que o público e as grandes instituições os abandonem, os psicanalistas continuam a travar suas guerras narcísicas das pequenas diferenças, sem fazer muito caso do progresso teórico pelo qual Lacan advoga nesse texto. "Trata-se, pois, menos de um padrão que de uma postura", conforme ele escreve na seção I de "Variantes do tratamento-padrão" – ainda que essa postura tenha se perdido, em parte por causa da tentativa febril de defender uma posição de poder, e não o caminho da cura psicanalítica.[3]

"Padrão" implica "sem variação". Contudo, ao se criar um padrão, também se delimita uma margem de variação. Para delimitar um centro, é necessário definir a periferia externa. Ambos – padrão e variação – são conceitos interdependentes. O mais comum é que o valor se torne parte desse tipo de sistema de medição, em que o padrão é bom e os desvios são ruins ou menos importantes.

Então, o que seriam essas variantes? E o que significa ser encarregado da tarefa de falar de variantes? Não precisaríamos primeiro saber qual é o padrão, e talvez até o motivo de ele ser considerado padrão, antes de podermos falar sobre esse limite exterior? Eis a distorção intrínseca à questão e que Lacan denomina passo de entrada, que é também um ponto de entrada no problema. Diante do que é vago ou aparentemente insolúvel no tocante a padrões e variantes, Lacan nos pede para não parar, e sim enxergar o que a distorção ilumina.

Lacan nos convoca a voltar aos termos mais básicos sem presumir que sabemos o que eles significam (de inconsciente, passando por pulsão, até transferência); voltar e reler Freud com novos olhos, retornar a Freud e usar a teoria para criar uma compreensão mais formal e estrutural do que está em jogo na cura psicanalítica. A técnica foi formalmente padronizada pela instituição da psicanálise como um simples conjunto de regras – cinco dias por semana, deitar-se no divã, não aceitar presentes, pagar pela sessão quando faltar, interpretar apenas do meio para o fim da análise etc. E o que se fazia foi decidido sem definir os princípios básicos da psicanálise. Pode-se ver isso hoje quando os analistas em formação realizam as chamadas "análises de controle" para poderem se formar como analistas. O desfecho apropriado de um caso de controle muitas vezes depende completa-

---

3   Id., "Variantes do tratamento-padrão", op. cit., p. 329.

mente do fato de o paciente ter ido ao consultório cinco vezes por semana e se deitado no divã, ou, em uma iteração mais burocrática, ter completado certo número definido de horas ou semanas de terapia em determinado ano. Quando isso não acontece (por exemplo, se um paciente comparecer menos, fizer uma pausa, decidir que deseja ficar sentado em vez de deitado) e o comitê supervisor questiona se aquela ainda poderia ser considerada uma psicanálise de "controle" apropriada, as posições variantes costumam ser tão irreconciliáveis que o caso é passível de não contar para a graduação de um analista em formação. O mesmo problema existe com relação à "análise didática" de um analista em formação, que é julgada não com base em seus efeitos, ou seja, se a pessoa parece saber ocupar a posição de analista perante seus pacientes, mas se o analista é devidamente credenciado pela instituição e se cumpriu os requisitos de horas de análise para graduação. É exatamente esse o problema de que Lacan trata nesse artigo: como é possível que apenas um conjunto de procedimentos formais defina a psicanálise... mas, apesar disso, ele concorda que deveria haver algo como um delineamento daquilo em que consiste um tratamento psicanalítico. Mas nem mesmo os psicanalistas parecem saber qual seria!

O analista é ensinado desde o princípio a desconfiar de qualquer "pressa de concluir" ou da tentativa apressada em curar, ou seja, a melhora não se encontra nem sequer na ordem do dia do analista;[4] tampouco há qualquer conhecimento garantido a respeito de diagnóstico ou de etiologia. Os psicanalistas não podem se preocupar com melhoras ou levantamento de fatos, pois estes poderiam funcionar como uma armadilha poderosa no tratamento. Uma "cura transferencial", que Freud definiu como o momento em que os sintomas do paciente de súbito desaparecem no início do tratamento como uma forma de evitar o trabalho da análise, é claramente uma cura falsa. É uma cura na transferência,

---

4   Ibid., p. 326.

como um momento de transferência (para não ter de enfrentar a análise, mostrar que o analista estava certo ou errado, esconder os sintomas do olhar vigilante do analista etc.) e, portanto, não configura uma cura verdadeira, a qual envolve uma mudança estrutural mais fundamental.

Lacan sempre bate nessa tecla, creio que por ser tão basicamente contraintuitiva e peculiar na psicanálise: somos ensinados a não nos importar com a melhora dos sintomas de nossos pacientes. Na verdade, com frequência somos ensinados a desconfiar das melhoras. Além disso, os pacientes tendem a piorar muito durante o tratamento, antes de começarem a melhorar. Portanto, psicanalista é alguém que deixa você mais adoecido, desconfia se você fica bem, e, levando isso um passo mais adiante, aprende a desconfiar com todas as forças de qualquer desejo de curar a si mesmo, algo que Lacan, nos passos de Freud, chama de *furor sanandi*, o "furor de curar".[5] Ele prossegue dizendo que o próprio Freud estava tão preocupado com o possível desejo de curar que, se uma inovação técnica parecesse se basear nesse desejo, ele imediatamente perguntaria: "Isso ainda é psicanálise?".[6] Aqui, portanto, a questão de padrões e desvios aponta não para um formalismo na técnica, mas para uma formalização no analista, por meio da qual ele se purifica do desejo de curar que define a linha divisória entre psicoterapia e psicanálise.

O analista age como o suporte interno de uma dinâmica intersubjetiva que mantém vivas as perguntas do paciente sobre si mesmo e conserva a escuta do analista aberta ou purificada. Portanto, embora ela delimite um centro – o que temos procurado esse tempo todo com a questão dos padrões –, tal centro na verdade é vazio. É diferente do silêncio de uma verdade aceita ou do refúgio de uma renúncia a justificar as ações de uma pessoa que, a princípio, sejam

---

5   S. Freud, "Observações sobre o amor de transferência" [1915], in *Obras completas,* v. 10, trad. Paulo César de Souza. São Paulo: Companhia das Letras, 2010, p. 171; J. Lacan, "Variantes do tratamento-padrão", op. cit., p. 326.
6   Ibid., p. 327.

verdadeiras e comprovadas – o que talvez caracterize como a análise contemporânea situa o analista.[7] A posição analítica é uma posição com a qual o analista não se identifica nem toma como igual a si próprio; é somente um espaço ocupado por alguém que recebe bem o discurso, que apoia uma pergunta, mas não a responde, deixando que a resposta venha do paciente. Acarreta uma espécie de abertura radical no ponto em que se experimenta um limite fundamental; no caso do analista, os limites do amor e do conhecimento. Tal abertura é ao mesmo tempo íntima e estrangeira, ferida e cura. A isso Lacan chama de "extraterritorialidade" e, mais tarde, "extimidade", neologismo que combina "exterior" e "intimidade". Para cada um de nós, o inconsciente é uma espécie de exterioridade íntima, ou intimidade exterior. Lacan também contrasta esse aspecto do refúgio que ele chama de ético com o refúgio onipotente dos padrões pouco definidos e do controle formalista que caracterizam a psicanálise contemporânea. Além disso, a versão corrompida da "extraterritorialidade" permite que a psicanálise apele a outras formas de conhecimento, tais como a ciência, para validação (especialmente hoje, com a onda de comprovações neurocientíficas que atuam como apólices de seguro, como Lacan às vezes as chama), e depois rejeite os padrões científicos quando o apelo à singularidade da psicanálise lhe convém.[8] Trata-se de um refúgio que não é nem ético nem rigorosamente científico, e sim um meio de dissimular ainda mais.

Lacan recorre ao artigo de 1954 de Edward Glover, "Therapeutic Criteria of Psycho-Analysis" [Critérios terapêuticos da psicanálise], para demonstrar a própria crise da atual teorização de critérios psicanalíticos.[9] De forma pouco característica, ele quase sempre encontra coisas positivas a dizer sobre Glover, cujo pendor para a retórica se aproxima do dele, ao contrário da maior parte dos entediantes e

---

7   Ibid.
8   Ibid.
9   Ibid., pp. 328–38.

padronizados escritos analíticos. O artigo de Glover é especialmente desanimador e virulento sobre o atual estado da psicanálise, sem dúvida parte do motivo pelo qual Lacan o cita de forma tão extensiva. Lacan usa Glover para demonstrar quão pouco os analistas concordam sobre os critérios de tratamento. Na verdade, a declaração mais condenatória de Glover é que, apesar de os analistas claramente não praticarem nem manterem os mesmos padrões e as instituições estarem "diaceradas por diferenças", levando a práticas tão diferentes quanto "água e óleo", eles encenam uma união de fachada – não somente para o público, mas uns para os outros: aqui há uma

> suposição, estudada e cuidadosamente mantida, de que aqueles que têm a função de participar de tal formulação compartilhariam, ainda que grosseiramente, as mesmas opiniões, falariam a mesma linguagem técnica, seguiriam sistemas idênticos [...], praticariam, ainda que de maneira aproximativa, os mesmos métodos técnicos. *Nenhuma dessas pretensões resistiria a um exame mais rigoroso.*[10]

Enquanto isso, continua Glover,

> quase não temos informações sobre a realização de práticas analíticas particulares [...] não temos histórias póstumas das quais valha a pena falar. Com certeza, nenhum registro de fracasso. Essa falta de informação verificável, quando se soma aos pressupostos frouxos que já descrevi, promove o desenvolvimento de uma mística que desafia o exame e se furta a qualquer discussão sensata.[11]

---

10 Edward Glover apud J. Lacan, "Variantes do tratamento-padrão", op. cit., p. 329.
11 E. Glover, "Therapeutic Criteria of Psycho-Analysis". *International Journal of* Psychoanalysis, v. 35, 1954, p. 96.

O problema, ao que parece, só fará piorar, ou, como diz Glover, os critérios da psicanálise vão se tornar cada vez mais "perfeccionistas, indefinidos e descontrolados".[12]

Lacan se ocupa aqui de uma mística crescente como efeito da psicologia grupal na psicanálise, onde a manutenção de padrões se afasta da "discussão sensata" ou compreensão "científica" e "cai cada vez mais na órbita dos interesses do grupo" e de seu poder. "Trata-se, pois, menos de um padrão que de uma postura".[13] Lacan põe o último prego no caixão: o que se quer dizer com técnica padrão é simplesmente aquilo que se deve fazer (ou se deve dizer que faz) para ser considerado parte do grupo. Na verdade, Glover inclui em seu artigo um argumento importante, que não mereceu a referência de Lacan, quanto à fidelidade a grupos e seus efeitos sobre a técnica psicanalítica. Glover assinala que devemos incluir a psicanálise do analista como uma das modificações técnicas da prática psicanalítica, pois um analista que vem de anos e anos de análise fielmente praticada segundo determinada tradição interpretativa não terá a coragem de confessar o fracasso de sua formação e se dispor a uma reorientação analítica sólida: "Ao contrário, ele tem probabilidade muito maior de preservar seu respeito próprio se mantiver a convicção fanática quanto às virtudes distintas da tradição na qual se criou".[14] O que Glover aponta é que, como a interpretação parece se ver governada pela fidelidade ao grupo do analista e não necessariamente por uma verdade advinda da análise, isso somente servirá para reforçar dinâmicas de grupo e fanatismo. A conclusão desse importante artigo é de que a extensão ou a delimitação dos critérios terapêuticos dependem do "grau com que podemos eliminar, com êxito [...] a influência de uma mística defensiva, esotérica, mas até o momento inconfessa". E, "embora a eliminação do esotérico seja supostamente uma das tarefas da formação analítica, existem, a meu ver, poucos sinais

---

12 Ibid.
13 J. Lacan, "Variantes do tratamento-padrão", op. cit., p. 329.
14 E. Glover, "Therapeutic Criteria of Psycho-Analysis", op. cit., p. 99.

de que essa importante meta tenha sido alcançada até agora".[15] Os efeitos institucionais negativos estendem-se ao próprio cerne da prática psicanalítica e à formação da próxima geração de analistas. Se o que for transmitido for apenas uma espécie de obediência a um grupo, algum sistema vampiresco de mimese, então, tal como Freud, precisamos perguntar: "Isso ainda é psicanálise?".

É preciso ver a discordância das teorias divergentes como uma trajetória coerente ao redor de um eixo central, como o "rigor com que os estilhaços de um projétil, ao se dispersarem, conservam sua trajetória ideal".[16] De fato, tal como em uma análise em andamento, os sintomas podem mudar: melhorar ou piorar, ocultar-se e reaparecer. O que importa é a direção do tratamento, coisa que Lacan sente ser subjacente a tais mudanças. É tarefa do analista ter uma ideia dessa direção, sendo aquele que direciona o tratamento. Isso vale para Lacan mesmo quando o analista não é *diretivo* em seu posicionamento de neutralidade generalizada e aderência às regras da livre associação. Somos capazes de realizar esse trabalho de encontrar a direção, a trajetória, tendo a psicanálise como nosso tema? A psicanálise como nossa paciente?

Como o analista orienta o paciente? O paciente deve demandar psicanálise do analista para que ela comece devidamente! O paciente precisa começar com uma pergunta, dirigida ao analista, com uma demanda implícita para a psicanálise. Trata-se de um dos princípios básicos do início de um tratamento e do conceito lacaniano de sessões preliminares, que precisam levar o paciente até aí para que a psicanálise comece como deve. Muitas vezes os pacientes começam sem pedir de fato uma análise, e até mesmo podem vir porque o cônjuge mandou, ou porque querem que o analista elimine um sintoma, mas ainda não fizeram uma pergunta fundamental, que demande inerentemente a psicanálise. Portanto, retornamos ao centro da análise em

---

15   Ibid., pp. 99–100.
16   J. Lacan, "Variantes do tratamento-padrão", op. cit., p. 331.

que o analista está em posição de apoiar a vinda do paciente para fazer uma pergunta; a ironia é que Glover afirmou que na realidade não se está mais fazendo nenhuma pergunta... Então, segundo Lacan, ninguém mais está assumindo a posição de psicanalista. Outra vez retornamos à questão da posição que o analista ocupa, mas com a qual nem se identifica, nem controla. Isso, sim, é que confere ao analista a condição de analista, e que poderia começar a orientar qualquer questão relativa a padrões. Nada mais, nada menos.

II

Assim como Lacan era percebido como uma ameaça, a ameaça das variações à psicanálise padrão indica que a existência da psicanálise é um tanto precária e requer que sua trajetória seja protegida por um "homem real".[17] Daí por diante, na seção II do artigo de Lacan, o analista que é conclamado a fortalecer a profissão será denominado "o homem real", algo engraçado em diversos níveis. O machismo do analista "homem real" será uma imagem útil ao avesso daquilo que Lacan gostaria de propor. Além disso, tal machismo se apresenta como uma resposta à sensação de que a identidade do indivíduo se encontra sob ameaça – ou, simplesmente, como uma resposta à ambiguidade.

Solicita-se ao "homem real" que, ao exercer o papel de protetor da trajetória da psicanálise, verifique os efeitos que as ambiguidades desta exercem sobre si mesmo. Caso a questão do limite permaneça comum, ou seja, a trajetória limitada que ele precisa trilhar ao conduzir um tratamento psicanalítico padrão, é porque ninguém vê onde termina a ambiguidade – especialmente se o fim da análise permanece ambíguo, e ainda mais o que alguém faz ou por quê. Será que o "homem real" deve se poupar do esforço de definir tal ponto final? Bem, diz Lacan, o homem real

---

[17] Ibid., p. 332.

pode se basear nas autoridades que tornam esse término um nó bastante intricado, como veremos a seguir no levantamento que Lacan faz da literatura psicanalítica sobre o fim da análise. Ou, de forma paradoxal, ele pode rigorosamente deixar de reconhecer o ponto final, evitando qualquer experiência de limite, o que, não obstante, implica que ele registrou seu lugar.

Os comentários de Lacan sobre a escolha forçosa que se apresenta aos analistas em formação continuam válidos até hoje, a saber, identificar-se com uma doutrina estabelecida e/ou evitar rigorosamente aquilo que é difícil na psicanálise. Lacan especula que, se o que é difícil está sendo evitado – ou seja, as questões que inevitavelmente surgem ao enfrentarmos algo novo a cada paciente –, é bem provável que o analista pressinta a existência dessa dificuldade no ato de evitá-la porque não dispõe dos instrumentos para lidar com aquilo, já que se situam fora da jurisdição dos padrões estabelecidos. A literatura sobre fim de análise, assim como sobre técnica, permanece incrivelmente escassa.

Tal situação é o que Lacan chama "a má-fé da prática instituída",[18] em que a pessoa é enganada pela própria ação e não faz nada com impacto real. Muitas vezes encontrei em supervisão analistas em formação que se aferram à identificação com seus supervisores anteriores para evitar o verdadeiro confronto no tratamento, na transferência. Creio que é a essa evitação rigorosa, amparada pela lógica da identificação, que Lacan se refere.

O que ele chama de "caminho da verdadeira humildade" exigiria nada menos do que um confronto com a ambiguidade um tanto insuportável da situação psicanalítica em si e por si mesma, que não é nenhum segredo especial para iniciados, mas algo ao alcance de todos: "É ela que se revela na questão do que falar quer dizer, e todos a encontram ao simplesmente acolher um discurso".[19] Lacan quer dizer que a própria premissa de psicanálise – convidar alguém a falar

---

18 Ibid.
19 Ibid., pp. 332-33.

com você sobre ele/a mesmo/a – imediatamente irrompe em uma ambiguidade insuportável. Todo analista, da mesma forma que todo ser humano, entende a angústia que se faz sentir quando é solicitado a falar sobre o que é mais íntimo, falar livremente com outra pessoa. Trata-se de uma ambiguidade que reside no próprio ato de falar e escutar, não apenas na conversa com um psicanalista. Assim, o analista não apenas apoia a pergunta do paciente sobre si próprio, como também a fala dele.

Se "queremos dizer" alguma coisa, como na expressão coloquial "o que eu queria dizer era", no próprio cerne da fala já há o reconhecimento de uma ambiguidade – o que Lacan chama de "*double entendre*" [duplo sentido] – que cabe ao ouvinte ouvir e decidir: se irá acompanhar o que esse algo "quer dizer", ou o que não diz, ou que diz apesar do que queria dizer.[20] Lacan está tratando de uma divisão fundamental no sujeito. Não controlamos nossa mensagem. O ato de falar ilumina dois sujeitos diferentes: 1) o sujeito que diz eu, o sujeito que quer dizer, o sujeito do enunciado, e 2) o sujeito de quem se fala, que Lacan chama de sujeito do enunciado, o sujeito que aparece em um discurso. Podemos chamar o primeiro de eu e o segundo, de sujeito do inconsciente. O "sujeito do inconsciente", mais fugidio, pode ser reconhecido *tanto pelo falante como pelo ouvinte*, mas exige atenção para além daquilo que tenta intencionalmente transmitir.

Um argumento sempre repetido é de que não se trata de uma teoria do discurso como *comunicação*, que presume um circuito direto de falante a ouvinte, do ponto A ao B e de volta. Existe, para Lacan, uma lacuna radical que exige uma decisão ou escolha quanto ao que prestar atenção. Tal estrutura assimétrica se torna ainda mais extrema pelas regras da psicanálise, em particular a única regra transmitida aos pacientes, no modelo da ideia que Freud fazia de livre-associação: falar sem parar, sem sonegar nada, sem se importar com a racionalidade, a coerência, as boas manei-

---

[20] Ibid., p. 333.

ras ou a vergonha. Conforme a análise prossegue, e se vai falando, falando e falando, o significado escapa por baixo da intenção. Em algum ponto, imagina Lacan, o analista pode ter esperanças de que os pacientes por fim se vejam iguais àquilo que diziam. O que é dito e o ato de dizê-lo poderiam, então, juntar-se numa bela união, com a força dessa revelação.

O analista precisa conservar "toda a responsabilidade" em sua posição de ouvinte – e mais ainda, ele solicitou essa responsabilidade ao convidar o paciente a falar, algo que age como uma "intimação secreta",[21] que não será deixada de lado mesmo se o analista permanecer em silêncio. Falar e escutar constituem o mecanismo da transferência, nada mais. Não se trata de nenhuma misteriosa substância metapsicológica que goteja do inconsciente. É um fator da linguagem. Lacan nos remete aqui a uma questão de ética, assinalando o peso de receber bem as palavras e a responsabilidade do analista de encarar essa profunda divisão do sujeito e ambiguidade da fala, que *nunca* será resolvida, nem pelo analista, nem pelo paciente, seja lá qual fantasia ele nutra a respeito. De novo, Lacan está definindo algo absolutamente crucial sobre como ele enxerga a posição analítica: não como um conjunto de procedimentos nem como alguma propriedade mística da psicanálise, mas como a trajetória iniciada por uma terapia "da fala".

É aí que ele se voltará para o modo como a "psicanálise contemporânea" trata da interpretação, e ninguém será poupado.[22] Lacan começa observando como os analistas parecem se incomodar ao definirem interpretação, e que suas teorias são desajeitadas e amorfas. Muitas vezes recomenda-se que os analistas só "interpretem" após anos e anos de análise terem se passado. Se por um lado isso é verdade para os lacanianos, que tendem a evitar interpretações "significativas" jogando com falas que sejam mais ambíguas ou oraculares e esperando até o analisando encontrar seu caminho em rela-

---
21 Ibid.
22 Ibid., pp. 333-34.

ção ao significado, muitas das outras escolas afastam-se radicalmente da interpretação em favor de outras técnicas, como a confrontação, a explanação, o insight, o espelhamento, a sustentação, todas as quais se afastam cada vez mais da fala e da linguagem enquanto se aferram à ideia de transmitir "significado", tanto no que precisa ser dito ao paciente (explicação, confrontação) como no que não é dito, e sim feito em benefício do paciente (espelhamento, sustentação). A moda de analisar a contratransferência em vez de interpretar a transferência – ou seja, quando o analista pensa em seus próprios sentimentos e ideias a respeito de um paciente, em vez de reagir de forma interpretativa ao que um paciente falou – é apenas mais um passo para longe da única ação que um analista deve realizar, a saber, para Lacan, responder ao que o paciente disse literalmente de forma a abrir uma nova verdade. Aqui, Lacan brinca: diz ser bom que os pupilos do "homem real" sintam vergonha de pedir que ele explique o que eles deveriam estar fazendo.[23]

Lacan continua e fala da questão da análise das resistências, que chegara para substituir a ideia clássica de interpretação "do material", enquanto a psicologia do ego adquiria predominância primeiro com Anna Freud em Londres e depois com analistas emigrados aos Estados Unidos.[24] A prova do valor de interpretar a resistência é que isso produz novos materiais.[25] Por exemplo, uma interpretação de resistência clássica ou apontará para uma quebra na livre associação, uma falta ou ponto de parada – "Hoje você está relutante em falar", "Você não associou nada ao sonho que mencionou de passagem" –, ou se dirigirá especificamente à renúncia a conversar sobre algum material – "Você não quer tratar de minhas férias, que estão chegando", "Você nunca diz nada sobre seu pai quando fala do divórcio de seus pais", e assim por diante. Assim, o paciente falará de algo sobre o qual antes tinha resistência – o sonho, as férias, o pai – e

---
23 Ibid., p. 334.
24 Ibid., pp. 334-37.
25 Ibid., p. 334.

então esse material poderá ser interpretado. Lacan aponta que uma questão ainda continua presente aí, porque, se o analista então for "interpretar o material", o que deveria ter feito em primeiro lugar e constitui o foco da técnica freudiana, "é aí que, se cabe interpretá-lo como antes, é lícito nos perguntarmos se, nesses dois tempos, o termo interpretação preserva o mesmo sentido", ou seja, a interpretação desde o começo ou a interpretação depois de uma interpretação das resistências.[26] Esse é o x do questionamento de Lacan à justificativa para tal mudança na técnica: se estabelecemos a análise como interpretação das resistências (ou sua encarnação posterior como interpretação das defesas) e apenas depois interpretamos o material (seja ele a interpretação de uma fantasia, da sexualidade, edipiana etc.), será que a interpretação das resistências altera fundamentalmente o material a ser interpretado? E, além disso, será que essa mudança na técnica teria efeitos mais amplos no campo da psicanálise como um todo? O que acontece quando a psicanalista está na posição de saber constantemente do que o analisando não está, mas deveria estar, falando? À medida que o foco na técnica padrão se transforma em análise das resistências, haverá grandes ramificações.

Lacan assinala que Freud falou de resistência já em 1895, situando-a na verbalização das cadeias de fala ou unidades interconectadas compostas de trechos de memórias, coisas vistas e ouvidas, todas servindo de invólucro a um trauma no centro.[27] Foi assim que Freud conceitualizou tanto a dificuldade que os pacientes tinham de falar da origem de seus sintomas, como o motivo pelo qual com frequência se afastavam disso e faziam associações aparentemente desconexas. Notar como o paciente passava de um

---

26 Ibid.
27 Ver S. Freud, "Projeto de uma psicologia" [1895], in *Obras completas*, v. 1, trad. Paulo César de Souza e André Carone. São Paulo: Companhia das Letras, 2025; S. Freud e Josef Breuer, *Estudos sobre a histeria* [1893–95], in *Obras completas*, v. 2, trad. Laura Barreto. São Paulo: Companhia das Letras, 2016.

conjunto de pensamentos a outro, aparentemente não relacionados, mas que no fim das contas podiam ser alinhados com os pensamentos originais, afastados mediante recalque ou resistência, foi o começo da criação da técnica da livre associação. Nesse modelo inicial, a resistência opera tanto em uma única cadeia como entre cadeias, que se curvam ao redor de um núcleo patogênico ou daquilo que Lacan mais tarde chamaria de "real" traumático. O analista pode aferir o quanto se encontra perto ou longe desse núcleo graças à intensidade da resistência. A resistência em uma cadeia é diferente daquela entre cadeias, na medida em que a primeira envolve mover-se por uma série de associações relacionadas que formam uma cadeia ou pensamento articulado, ao passo que se mover entre cadeias implica chegar perto do núcleo traumático, aproximando-se do cerne da verdade. Para Lacan, a ênfase no modelo de resistência é uma técnica que olha para o texto em si do que um paciente vem dizer, escutando elisões, distorções, pausas, síncopes e vazios no processo de associação.

À medida que se sacrificam a atenção à linguagem e ao sujeito constituinte do inconsciente, mais o conceito freudiano nuançado de resistência inconsciente como a rede lógica de cadeias de significantes que aparecem na abordagem ao núcleo patogênico traumático torna-se obscuro e confuso, sendo por fim substituído pela ideia de defesa do eu. O tropo constante da psicologia do ego era que a análise precisava atacar as defesas do eu (o que paradoxalmente fortalece eus frágeis) e adaptar o paciente à realidade através da suscitação de formações de compromisso mais racionais (conciliações sintomáticas entre a pulsão, a realidade e o supereu). Para Lacan, essa meta ou ponto final do tratamento não é psicanalítica, mas ideológica, baseada em uma visão de mundo: a do capitalismo expansionista estadunidense dos anos 1950 ou a "teologia da livre empresa". A manutenção da trajetória da psicanálise pelo "homem real" começa a parecer, cada vez mais, a trajetória de um ataque ao paciente em nome de certa visão ou imagem que se torna o ideal terapêutico. Lacan acreditava que o novo ideal psicanalítico de saúde tinha como modelo a agressividade do advogado estadunidense. Apenas o suficiente para conseguir o que ele quer. A libido, ou desejo, ficam de lado.[28] (Como um aparte, é interessante avançar até 2004, quando Peter Fonagy e Mary Target, os principais executivos do Centro Anna Freud, declaram que o sexo precisa ser trazido de volta para a psicanálise.)[29]

III

Lacan inicia a seção III do artigo mais ou menos perguntando como alguém pode considerar o eu como o ponto de força para o analista.[30] A questão do eu bom ou forte encontra-se por toda a parte nos acréscimos à técnica clássica: do poder de cura da empatia à importância da avaliação, passando pelo valor de uso de uma análise de contratransferência. Embora em cada um desses casos o eu seja apresentado como a garantia ou a segurança do sujeito, para Lacan isso não representa uma base para se construir nem uma pessoa, nem a psicanálise.[31] Lacan assinala que em "Análise terminável e interminável" (1937), Freud é muito claro sobre esse assunto: "[o analista] geralmente não atinge, em sua própria personalidade, o grau de normalidade a que gostaria de fazer seus pacientes chegarem".[32] O eu do analista não constitui um modelo de saúde nem de normalidade; não é o padrão no "tratamento-padrão" nem o tipo na "psicanálise típica".

---

28 Ver J. Lacan, "A agressividade em psicanálise" [1948], in *Escritos*, op. cit.
29 Peter Fonagy e Mary Target, "Playing with the Reality of Analytic Love: Commentary on Paper by Jody Messler Davies 'Falling in Love with Love'". *Psychoanalytic Dialogues*, v. 14, n. 4, 2004.
30 J. Lacan, "Variantes do tratamento-padrão", op. cit., p. 339.
31 Ibid.
32 S. Freud apud J. Lacan, "Variantes do tratamento-padrão", op. cit., p. 342.

Exigir tal imagem de um analista somente acrescenta ao fardo que Sándor Ferenczi reconhece como as dificuldades extremas e contínuas da tarefa dos analistas: durante longas horas de escuta aos pacientes, eles devem se dividir entre o foco no paciente, o autocontrole e a atividade intelectual; não podem dar rédea livre a narcisismos e egoísmos, e, mesmo em fantasia, apenas o mínimo dos mínimos.[33] Não existe muita coisa na vida cotidiana que apresente esses tipos de demanda; Ferenczi já escrevera a Freud mencionando a ideia da "higiene" mental constante do analista.[34] Embora no fim das contas Ferenczi tenha considerado tal higiene inadequada e nunca tenha escrito o artigo que pretendia sobre o assunto, não são tais restrições extremas o motivo pelo qual a análise do analista é tão crucial? O que o analista deve provocar em si mesmo para suportar a tarefa de ser um psicanalista parece a Lacan não um fortalecimento do eu, mas seu apagamento.[35] Apagamos nossos eus para ceder passagem ao paciente e seu "ponto subjetivo" de interpretação – algo que só pode ocorrer com base na análise pessoal do analista, *especialmente seu fim*. Relembremos a afirmação de Glover de que a análise pessoal parece ter fracassado em trazer qualquer coisa de novo, a não ser fanatismo e mistificação, e que, na revisão da literatura por Lacan, a psicanálise seria incapaz de conceitualizar seu fim. Se não sabemos aonde estamos indo, como vamos chegar lá? Essa confusão continua sem se abater até a resposta "identificação com o eu do analista" se tornar a razão de ser de todas as escolas, mesmo as completamente diferentes, na psicanálise de meados do século. "Onde", então, "fica o fim da análise no que concerne ao eu?", pergunta Lacan.[36]

---

33 Ibid., p. 342.
34 Sándor Ferenczi a S. Freud, 2 out. 1925, in *The Correspondence of Sigmund Freud and Sándor Ferenczi, v. 3: 1919–1933*, org. E. Falzeder, E. Brabant & P. Giampieri-Deutsch, trad. Peter T. Hoffer. Cambridge: Cambridge University Press, 2000, pp. 233–34.
35 J. Lacan, "Variantes do tratamento-padrão", op. cit., p. 343.
36 Ibid.

Wilhelm Reich pareceu uma figura apta para Lacan inserir nesse ponto porque seu livro de 1933, *Análise do caráter*, preparou o terreno para a psicologia do ego e fornece uma espécie de exemplo extremado de onde esse pensamento poderia dar: Reich passa à análise do corpo sem utilizar linguagem ou fala e volta o foco para a potência orgástica e o controle do que ele chamava de energia Orgone por meio de dispositivos criados por ele, uma crença no comunismo militante, e, no fim, um colapso de delírio paranoide.[37] Lacan afirma que as teorias de Reich nos obrigam a examinar de perto como são caracterizadas as tensões que a análise cria e procura resolver, em especial quando alguém sintomatiza a personalidade:

> Toda a teoria que Reich fornece delas baseia-se na ideia de que essas estruturas são uma defesa do indivíduo contra a efusão orgástica, cuja primazia na vivência é a única capaz de assegurar sua harmonia. Sabemos a que extremos o levou essa ideia, a ponto de fazê-lo ser rejeitado pela comunidade analítica. Mas, ao fazer isso, não sem razão, ninguém jamais soube formular muito bem em que é que Reich estava errado.[38]

Lacan começa sua elucidação do porquê de Reich estar errado apontando que, se a personalidade é um sintoma, estruturada de modo defensivo feito uma armadura que o sujeito carrega consigo, tal armadura tem um significado.[39] Não está ali simplesmente para ser atacada e então se chegar àquilo que se quer. A armadura é na verdade um armorial, um brasão de armas, com vestígios da história e da pré-história do sujeito, ou seja, daquilo que o sujeito herdou.

Para Lacan, a armadura como significante, e não a significação da armadura, é no que se concentra o trabalho da psicanálise: desvendar a história de alguém através de

---

37 Wilhelm Reich, *Análise do caráter* [1933], trad. Ricardo Amaral do Rego. São Paulo: Martins Fontes, 2019
38 J. Lacan, "Variantes do tratamento-padrão", p. 344.
39 Ibid.

significantes, do peso de identificações passadas, do desejo de si como o desejo do Outro, da transmissão de trauma intergeracional e, por fim, da marca como a marca da morte e da finitude. A renúncia de Reich à pulsão de morte como a descoberta psicanalítica mais radical é o que Lacan insinua que o forçou a ir longe demais, a perseguir a Coisa, o gozo em si![40] Vejamos a teoria do Orgone de Reich: o alcance do "potencial orgástico" absoluto estava destinado a se tornar cada vez mais literal, um objeto imaginário ao qual é necessário obter total acesso e controle (com caixas Orgone e máquinas que tentavam capturar sua energia na atmosfera), e que no fim terminam sendo vistas como meio de acesso a Deus ou à divindade. Então, embora Reich renuncie à pulsão de morte, para Lacan a obra dele é a pulsão de morte encarnada; ou, para dizer de outra forma, esse é o ideal precisamente como impulsionado à morte. Apesar de Lacan de fato falar às vezes em gozo místico, nunca é algo a que temos acesso controlado. Sempre será o Outro, e sempre aparecerá somente através de um sistema representacional. A superfície é a profundeza. No final, a posição de Reich é fundamentalmente paranoide – consolida e personifica a posição do Outro –, algo que Lacan logo vinculou no estádio do espelho tanto à egomania quanto à imagem da maestria como conhecimento absoluto. A vida de Reich culminou em uma perseguição real por parte da lei em 1956 – destino que se abateu sobre muitos paranoicos – e sua morte na prisão em 1957: "[...] o erro de Reich explica-se por sua recusa declarada dessa significação, que se situa na perspectiva do instinto de morte, introduzida por Freud no auge de seu pensamento, e sabemos ser a pedra de toque da mediocridade dos analistas, quer eles a rejeitem ou a desfigurem".[41]

Tendo desconstruído Reich, Lacan passa então a elaborar sua visão sobre o eu, revisando seu trabalho sobre o estádio do espelho. Em primeiro lugar, diz ele, se acompanharmos a neurose e a estrutura do desejo, não encontraremos

---

40 Ibid., p. 345.
41 Ibid.

nenhum Valhalla de energia orgástica e satisfação total, não encontraremos uma relação naturalista original com o sexo e com o desejo que acabou simplesmente distorcida pela neurose, mas sim alguma outra coisa.[42] O que vislumbramos a partir da análise é algo que diz respeito à estrutura de desejo e ao desenvolvimento distorcido da personalidade humana: a alienação do desejo, o desejo pelo desejo, o desejo de reconhecimento, todos os quais são modulados e estruturados através das vicissitudes da sexualidade em todas as formas de perversão sexual que Freud registrou em *Três ensaios sobre a teoria da sexualidade* (1905). Quando observamos com atenção as perversões sexuais, encontramos tanto o domínio do narcisismo como a precariedade do desejo, a clivagem do sujeito entre "existência e facticidade" (sujeito, objeto e Outro, contidos nas posições dispostas em uma fantasia perversa – por exemplo, o agressor, a vítima e a testemunha) e, por fim, a ambivalência que descansa sobre o amor apaixonado vinculado ao ideal do eu e o ódio que se segue de tal dependência inevitável dos outros.[43] Para Lacan, nos primeiros trabalhos de Freud temos algumas das ferramentas mais importantes a nosso dispor para a compreensão clínica, em especial quanto à estrutura de sintomas e fantasias. Podemos ver as múltiplas posições assumidas de modo inconsciente pelo paciente, o local onde desejo e sintoma se embatem, e, ao seguirmos as vicissitudes da sexualidade, descobriremos o que historicamente marcou um sujeito.

Lacan vincula essas descobertas não apenas ao texto *Psicologia das massas e análise do Eu* (1921), de Freud, mas, no fim, a *O mal-estar na civilização* (1930).[44] Longe de ser objeto de aversão, como Anna Freud declara em sua sinistra música profética, o eu está por toda a parte no Freud desse período. Se nos voltarmos da sexualidade para a questão da agressividade, o que vemos na obra de Freud desse período é que

---

42 Ibid.
43 Ibid.
44 Ibid., pp. 346–47.

isso não tem nada a ver com algum tipo de agressividade natural vinculada à sobrevivência e evolução darwinianas, mas com aquilo que Lacan denomina de "deiscência da harmonia natural":

> A dilaceração do sujeito em relação a si mesmo, dilaceração cujo momento primordial ele conheceu ao ver a imagem do outro, captada na totalidade de sua Gestalt, antecipar-se ao sentimento de sua desarmonia motora, que ela estrutura retroativamente como imagens de despedaçamento [...]. É, pois, no seio das experiências de imponência e intimidação dos primeiros anos de vida que o indivíduo é introduzido nessa miragem do domínio de suas funções, onde sua subjetividade permanece cindida, e cuja formação imaginária, ingenuamente objetificada pelos psicólogos como função sintética do eu, mostra, antes, a condição que o insere na dialética alienante do Mestre/Senhor e do Escravo.[45]

Essa é a "doença fecunda" do homem, sua "falha afortunada" hegeliana: este estar dividido em si próprio – no caso de Freud em consciente e inconsciente, ou para Hegel a divisão entre essência e aparência, que ele vincula à queda da graça do homem e ao pecado original.[46] Lacan demonstra como a relação do homem com a imagem, a marca desta, o apresenta às vicissitudes tanto da vida como da morte, específicas ao ser humano que se apreende, fora de si próprio, em uma imagem. Para Lacan, o eu é sempre metade do sujeito e representa um ponto de perda, uma lacuna, uma cesura no desenvolvimento humano, que Freud sempre identificou com a ideia do objeto perdido. Não é de se admirar que o sujeito se apegue à imagem como um local onde tenta se reconhecer – *Ali estou eu!* Mas essa manobra apenas divide o sujeito, em vez de uni-lo a si próprio. Assim como com a discussão anterior sobre fala, essa divisão não pode ser

---
45 Ibid., p. 347.
46 Ibid.

superada.[47] A teoria psicanalítica parece ter passado a ignorar essa verdade freudiana básica.

O que isso significa para a técnica? Lacan concorda que a análise faz a miragem narcísica ganhar corpo na regressão do tratamento, em particular como uma demanda de reconhecimento pelo analista.[48] Como o analista reage a isso? Por um lado, a reação pode suscitar um forte amor de transferência cuja presença e paixão pela presença dominam a análise. O amor pelo analista e o amor-próprio do analista travam uma dança macabra quando a idealização do paciente se encontra com o narcisismo do analista. A análise se torna interminável. Por outro lado, a falta de reação muitas vezes suscita a agressividade e o ódio de uma transferência negativa. As interpretações agressivas do analista são recebidas com agressividade pelo paciente, *ad infinitum*. Com frequência a análise se encerra antes da hora. O que o analista não sabe tão bem, diz Lacan, é que "aquilo que responde é menos importante, no caso, do que o lugar de onde responde".[49]

Lacan voltará a tratar do assunto ao fim dessa seção do texto, mas talvez essa seja uma de suas declarações mais importantes – dessa seção, com certeza, e possivelmente do artigo inteiro. Tal declaração retorna à questão da posição do analista. Aqui, ele vincula o local de onde o analista reage a essa questão da morte: a posição do analista é manter a presença da morte ao renunciar ao fechamento, sendo que o único mestre desse jogo é a morte. O analista não fará o papel de mestre. Qualquer figura de domínio que não seja a morte levará a um fechamento do inconsciente. Portanto, a "subjetivação da morte" é vinculada, pela primeira vez, à cura psicanalítica.[50] Trata-se de uma representação bastante heideggeriana do projeto da análise, algo que, com o tempo, se desvaneceria na obra de Lacan. Não obstante, a importância da estrutura de morte como termo mediador retém sua

---
47   Ibid., p. 348.
48   Ibid., p. 349.
49   Ibid.
50   Ibid., pp. 350–51.

centralidade até o final dos ensinamentos de Lacan. A razão para apresentar essas observações neste momento é porque aqui Lacan está sintetizando as coordenadas dos dilemas do eu na psicanálise. Se o analista "se coloca" cada vez mais "sob a influência dos artifícios de seu próprio Eu", onde a "modelagem do sujeito pelo Eu do analista será apenas o álibi de seu narcisismo", a questão é: como a morte intervém para evitar tal distorção do tratamento psicanalítico?[51]

Para Lacan, não há realidade senão a realidade da morte. Isso é crucial. É a morte, não a realidade. Tal "subjetivação" extrema da morte é o único meio pelo qual o analista pode, então, levar o outro a esse limite extático de si. Ninguém é mestre quando a morte toma seu devido lugar, e se isso não apagar o conhecimento completamente (talvez numa elevação do não conhecimento), ele ao menos perde seu poder imaginário de fascinação. O conhecimento como forma de domínio não é a economia na qual operará a psicanálise. O analista é apenas o sujeito que *supostamente* sabe. "Assim, agora [o analista] pode responder ao sujeito do lugar que quiser."[52] É a mudança de conhecimento para suposto conhecimento que fornece o lugar de onde o analista pode reagir ao desejo de reconhecimento por parte do paciente.

"Chegamos, pois, à seguinte pergunta: que deve saber, na análise, o analista?"[53] Lacan indaga que tipo de conhecimento é de morte e o que a morte faz ao conhecimento. Quem deseja ter algo a ver com essa versão necrófila da psicanálise? Mesmo que alguém caracterizasse o analista como uma espécie de criatura parecida com a morte – que espera em silêncio, passiva, indiferente, vazia, talvez até embotada – e isso permitisse ao analista subordinar-se à verdade do sujeito, a visão de Lacan é mais radical do que pode parecer uma espécie de "pose" psicanalítica. Como esse confronto com a morte transforma o analista para enfrentar as dificuldades do trabalho de análise no dia a dia?

---

51 Ibid., p. 349.
52 Ibid., p. 351.
53 Ibid.

Poderíamos imaginar que, após a análise do/a analista, ele/a possa não querer mais análise nenhuma? Que possa querer seguir com a vida, em vez de dar meia-volta imediatamente e auxiliar outros nesse trabalho de morte? Isso suscita questões fascinantes sobre o masoquismo do analista, como a cura afeta o desejo do analista de ser um analista, por que a possibilidade de não ser analista deve fazer parte de toda a formação e de seu fim, e, por último, o que o término indica quanto à posição que o analista é capaz de ocupar. Às vezes Lacan caracterizava isso como o confronto com o impossível, que assumiu muitos aspectos durante sua vida: da figura da morte à castração, o estilhaçamento do real, passando por sua iteração sobre não haver um Outro do Outro, nenhum juízo final, nenhuma Mulher, nenhuma relação sexual, até seu trabalho tardio sobre os limites do amor e do conhecimento, e a destituição subjetiva da cura psicanalítica. O analista decai da posição de objeto de desejo no fim do tratamento e, às vezes, é até mandado descarga abaixo feito um excremento.

IV

O problema do eu, que é cada vez mais destacado no artigo de Lacan, no fim se mostra essencial à cura, da mesma forma que a compulsão de repetir se torna repetição na transferência, a fim de se abrir tanto na rememoração como na elaboração. Portanto, longe de o eu ser simplesmente um obstáculo, Lacan alega agora que o fato de sua condição pertencer ao imaginário "não quer dizer que [ela] seja ilusória". De fato, se a pessoa pensar nos números imaginários da matemática, ou em um ponto ideal na geometria, estes agem como "pivô de transformação", um ponto nodal numa "convergência" de formas e figuras, determinadas *pela* realidade, não contra ela.[54]

---

54 Ibid., p. 352.

Parece claro, conjectura Lacan, que se por um lado o analista não sabe o que está fazendo e "nada modifica no real", ainda assim a psicanálise "'muda tudo' para o sujeito". Ideias como "distorção da realidade", "achar que querer é poder" ou "pensamento mágico" como algo a ser corrigido pela análise não estão, para Lacan, no cerne da transformação, são simplesmente um "álibi de seu próprio desconhecimento".[55] Termos como "distorção" ou "querer" comprovaram ao longo da história da literatura psicanalítica ser indícios do poder imaginário do analista (homem) – seu conhecimento considerado um ponto de vista privilegiado –, explorando a fé ingênua do paciente que o vê como um homem diferente dos outros.[56] Qual realidade? Ou melhor, a de quem? Quando perguntamos quem determinou os contornos de uma suposta realidade, a saber, a construção da fantasia ao redor de um certo ideal, estamos mais próximos do ponto ideal nodal de qualquer forma imaginária. O famoso exemplo disso dado por Lacan está em seu seminário "A lógica do fantasma" (1966–67) com a leitura de "Batem numa criança" (1919), de Freud, em que na cena masturbatória imaginária de uma figura paterna batendo em muitos filhos sempre há um instrumento escondido – seja um chicote equino, uma palmatória entalhada ou uma bengala de marfim – cheio de significado. O sujeito é indicado por esse ponto ideal, esse instrumento, que muitas vezes se vê saturado de conteúdo simbólico se alguém examinar bem a fantasia, algo que em si se encontra oculto pelo gozo engendrado pela cena.

Lacan interrompe de súbito essa discussão e volta a declarar que o que o analista faz é apoiar a fala, perguntando: *o que é fala?* Ele imediatamente se coloca na posição contraditória, um tanto tautológica, de explicar o que é a fala se valendo da fala e tendo de articular o sentido do sentido. A fala não é redutível ao sentido, e o sentido não é redutível à fala. No entanto, é verdade que a fala "dá apoio ao sentido no

---
55 Ibid.
56 Ibid.

símbolo que encarna por seu ato. Trata-se, pois, de um ato, e como tal, supõe um sujeito". Quando a fala funciona como um ato, quando ela coloca sentido ao invocar o simbólico, traz um sujeito à existência. Lacan apresenta a declaração "Tu és meu mestre", que significa "sou teu discípulo".[57] Não obstante, isso pode ser entendido pelo ouvinte de duas formas: como uma declaração sobre o relacionamento entre falante e ouvinte, ou como uma descrição. O ato de fala pelo lado do sujeito é o que Lacan chamará de "fala verdadeira", como o "discurso verdadeiro" se baseia em conhecimento como "correspondência com a coisa"; em outras palavras, a fala que diz "eu" e a fala que diz "isso". A fala que diz "eu" irá constituir uma verdade quanto menos for baseada em discurso verdadeiro e quanto mais for baseada no investimento e no reconhecimento de um sujeito de seu próprio ser. O discurso verdadeiro se constitui como conhecimento da realidade, fora da dimensão intersubjetiva. A posição do eu do analista ou do analisando com frequência é um investimento no discurso verdadeiro à custa da fala verdadeira. *É assim que isso é*, clivado e apartado de sua outra metade, *porque é desse jeito que eu digo que é.*

Lacan diz que o discurso verdadeiro acusa a fala verdadeira de mentir porque ela aponta para a natureza promissória de toda declaração; a fala verdadeira promete um futuro que não pertence a ninguém. A ambiguidade está sempre presente, pois o futuro corre mais rápido do que o falante em questão, que é sempre "superado". Quando alguém diz "eu te amo", muitas vezes é redarguido, como na famosa canção, "mas e amanhã?". A pessoa tem de dizer "eu te amo" outra vez, e outra vez, e outra vez. Não obstante, no lado da fala verdadeira, ela questiona o discurso verdadeiro em seu significado, já que um significado leva a outro, que por sua vez leva a outro e outro ainda.[58] "O que você quer dizer quando diz que me ama?" "O que em mim você ama?" "Quando decidiu que me amava?", e assim por diante. Como

---

57 Ibid., p. 353.
58 Ibid.

o discurso dos apaixonados demonstra, o discurso não consegue se emparelhar com a coisa. As intermináveis perguntas das crianças ("Por que o céu é azul? O que é o ar? Quem fez o ar? O que é o tempo? Como você sabe?", e assim por diante) muitas vezes levam a uma pergunta primordial sobre por que, aliás, o pai ou mãe é que estão respondendo às perguntas da criança e a posição que ocupam como aqueles que realmente sabem das coisas. A criança exige uma resposta no nível da fala verdadeira, não do discurso verdadeiro, sua outra metade esquecida ou obscurecida.

Como ocorre esse apoio à fala autêntica? Lacan começa com uma proclamação desanimadora: a fala autêntica encontra-se vetada ao analisando, exceto em raros momentos de sua existência – daí a necessidade da psicanálise. Não obstante, a verdade fala e pode ser lida em "todos os níveis em que isso [a fala] o moldou". Lacan mais uma vez postula a base do ser através de um fundamento intersubjetivo no nível da fala, fundamento que pode ser lido pelo psicanalista. Nesse ponto, Lacan torna-se bastante teórico. Ele diz que é na medida em que o analista "faz silenciar em si o discurso intermediário, para se abrir para a cadeia das falas verdadeiras, que ele pode instaurar sua interpretação reveladora".[59] A melhor forma de entender essa afirmação críptica é nos voltando para a leitura que ele faz do caso do Homem dos Ratos, de Freud.[60]

Lacan alega que Freud resolve a charada da neurose obsessiva do Homem dos Ratos ao se abrir para uma "cadeia de palavras" que descompacta a história do Homem dos Ratos, fornecendo "o sentido em que se compreende o simulacro de resgate que o sujeito fomenta até o delírio, no processo do grande transe obsessivo que o leva a pedir ajuda a Freud".[61] Conforme já observamos antes, o Homem dos Ratos procurou Freud porque não conseguia parar de pensar em uma tortura com ratos (a ele descrita por seu capitão no

---

59 Ibid., p. 355.
60 Ibid.
61 Ibid., p. 356.

exército), que seria executada em seu pai e em sua namorada caso ele não conseguisse devolver o dinheiro que tomara emprestado de outro soldado para adquirir um novo par de óculos, substituindo os que ele perdera. Por meio de uma série de truques de lógica obsessiva, ele consegue se dar a obrigação impossível de pagar o que devia ao Tenente A por meio de pagamentos ao Tenente B. Seu pai já estava morto, o que, sabe-se lá como, não impedia a possibilidade de tortura com ratos no além-vida. Seguindo a lógica desses "simulacros" de redenção delirantes, Freud rastreou a palavra *Raten* ("ratos") até *Raten* ("parcelas") por meio de uma série de associações que circundavam uma infame dívida de jogo do pai do Homem dos Ratos, quando este serviu no exército, e que levara a sua dispensa. A acusação inconsciente dizia respeito a um problema monetário-personalístico de seu pai, que acabou por levá-lo a casar com a mãe do Homem dos Ratos por dinheiro, em vez de com a mulher que ele amava. Isso lançara uma sombra sobre o casamento dos pais dele, e, no momento em que o Homem dos Ratos adoeceu, sua mãe estava, hipocritamente, pedindo a ele que fizesse um "cálculo" similar ao escolher uma esposa.[62] Em outras palavras, estava pedindo que ele se casasse com uma mulher por dinheiro e não com aquela que ele amava, forçando o Homem dos Ratos a ter um destino semelhante ao dos pais, à moda de um complexo de édipo invertido. Lacan assinala que, em seu sintoma, o Homem dos Ratos une o casal edipiano real, seu pai e sua namorada, demonstrando seu próprio desejo de se casar com a mulher que ele ama e não de atender ao ultimato da mãe e repetir a história da família.

Essa cadeia, deslindada por Freud, na verdade não se compõe de "acontecimentos puros, aliás todos passados antes do nascimento do sujeito, porém de uma falta – talvez a mais grave, por ser a mais sutil".[63] Questões de trauma e verdade ainda assombram a história da psicanálise. O Homem dos Ratos é testemunha de uma verdade sobre

---

62 Ibid., p. 355.
63 Ibid., p. 356.

sua família, uma verdade que antecede até mesmo seu nascimento, imprimindo uma marca em sua vida. Voltemos à análise da armadura de Reich como um armorial. O brasão de armas do Homem dos Ratos teria um rato e dinheiro inscritos na seção que ilustra a história dos casamentos dessa família. Da mesma maneira, esse é o ponto ideal do imaginário que se vê subvertido em uma leitura de seu significado. Ao apontar que o Homem dos Ratos é mais uma testemunha do que um legatário, Lacan indica que a análise lhe devolve uma escolha quanto a esse legado; em outras palavras, o Homem dos Ratos é levado a um ponto onde ele pode viver à altura de sua verdade. Esse ponto nodal age como uma dívida simbólica, ou seja, algo devido e assumido, mas que no fim é insolvível, portanto algo com que se vive e não uma dívida de verdade, que pode ser quitada, como o dinheiro que pagou seus óculos.[64] De fato, o Homem dos Ratos acabou se casando com a mulher que amava – infelizmente, pouco antes de morrer na guerra.

Talvez no comentário mais importante com relação à técnica, Lacan diz que Freud foi capaz de tocar nesse ponto fulcral porque uma "sugestão similar" havia sido feita ao próprio Freud por sua família e se comprovou crucial em sua autoanálise.[65] Lacan conjectura que, se Freud não tivesse analisado sua relação com o dinheiro conforme ela circulava em sua mitologia familiar, poderia ter deixado de vê-la no Homem dos Ratos. Embora os efeitos do narcisismo de Freud em seu trabalho clínico sejam tema de bastante investigação, especialmente no caso Dora, ainda assim, diz Lacan, "a fulgurante compreensão de que Freud deu mostra nesse caso [...] deixa entrever, na altivez de suas últimas construções doutrinárias, que os caminhos do ser, para ele, estavam desimpedidos".[66] Em outras palavras, a autoanálise de Freud – como uma clareira do ser, ou trazer o ser até a claridade (para colocar em termos heideggerianos) – funcionou,

---

64 Ibid.
65 Ibid., pp. 356–57.
66 Ibid., p. 357.

e foi precisamente isso que lhe permitiu se abrir à cadeia linguística e ler a história do Homem dos Ratos. Embora isso, é claro, assinale a importância de se ler os casos de Freud com toda a atenção, também nos leva à nossa última parada na discussão do conhecimento do analista.

A formação psicanalítica, diz Lacan, não trata da transmissão de um dado corpo de conhecimentos.[67] "O fruto positivo da revelação da ignorância é o não saber, que não é uma negação do saber, porém sua forma mais elaborada. A formação do analista não pode concluir-se sem a ação do mestre ou dos mestres que o formam nesse não saber, sem o qual ele nunca será nada além de um robô de analista".[68] A experiência de não conhecimento, como a forma mais elaborada de conhecimento, é crucial para a formação psicanalítica. Seja a respeito da experiência da pessoa em análise ou supervisão, seja uma experiência com professores que saibam não fetichizar o conhecimento e ajam como Sócrates, é essencial um encontro revelador com a ignorância. A maior parte do conhecimento que a análise acumulou, postula Lacan, como uma "história natural de formas de captura do desejo ou de identificações do sujeito" que nunca antes tenha sido tão rigorosamente catalogada, não tem utilidade para ele em sua ação enquanto analista.[69] Embora ilustrar a captura do desejo no discurso verdadeiro seja notoriamente difícil – pois ele trata da verdade da ilusão e dos limites da ilusão, que nunca são estáveis –, isso pouco vale para o analista, já que diz respeito ao sedimento e não ao veio principal.[70] Em outras palavras, isso não diz respeito ao que gera o mundo do imaginário, ao que constrói o véu.

A psicanálise, para Lacan, melhora quando se subordina a seu propósito único, que é uma reflexão sobre o que é mais específico sobre um sujeito. A "sabedoria" universal da ciência ou da moralidade cultural mal pode ter lugar nessa

---

67 Ibid., p. 359.
68 Ibid., p. 360.
69 Ibid., p. 359.
70 Ibid., p. 360.

ética do específico. O requisito é o não conhecer. O que Freud diz sobre a psicanálise como ciência, diz Lacan, é que se trata de uma ciência que se coloca em questão a cada novo caso.[71] Todo caso deve colocar em questão aquilo que a psicanálise pensa que sabe. Esse dito indica claramente a Lacan o caminho que a formação deve trilhar: em outras palavras, o conhecimento pré-digerido não ajudará em nada ao se analisar um caso. De fato, o analista é incapaz de analisar, a não ser que reconheça "em seu saber o sintoma de sua ignorância". O desejo de saber é um sintoma, talvez até *o* sintoma, e deve ser tratado feito o desejo de amar do neurótico, algo para o que os "melhores autores" analíticos apontam quando dizem que os motivos pelos quais alguém deseja ser analista devem, acima de tudo, ser analisados.[72]

Lacan remete o leitor a uma nota de rodapé do artigo de Maxwell Gitelson de 1954, "Problemas terapêuticos na análise do analista em formação 'normal'" – hoje um trabalho legendário –, no qual ele toma como assunto especificamente o desafio do discurso de Robert P. Knight e a nova ecologia de analistas em formação. Gitelson diz que o profissionalismo deles é a primeira linha de uma defesa intelectual, que a imagem da autoridade agora é a própria psicanálise, o que torna analisar difícil até mesmo nos casos em que "afirmam sinceramente sua aceitação intelectual da análise", e sua normalidade funciona como uma recusa do inconsciente, especialmente em sua ambição fálica, que é um substituto oral e uma defesa contra a regressão. Sendo assim, eles têm grande dificuldade em "se render" à gratificação incerta e às soluções dilatadas demandadas pela análise, enquanto o atual sistema de formação analítica promove tais soluções defensivas em vez de trabalhar contra elas, em especial no sistema de conhecimento codificado. Isso vale mais ainda quando a análise deles, a chamada "análise didática", é vista como um processo de aprendizagem distinto da terapia ou da análise comum; em outras

---
71 Ibid.
72 Ibid.

palavras, como conhecimento que se troca numa relação professor-aluno. Fazer o papel de aluno (algo alinhado com um eventual vir a ser o professor-analista) é um obstáculo fantástico – ou talvez seja melhor dizer fantasmático –, presente no próprio cerne da decisão de se tornar um analista. Se a instituição apoia esse fantasma, não estará perdido o caminho da psicanálise?[73]

E assim retornamos ao "fechamento" do inconsciente previsto por Freud na década de 1920 como o ponto de virada da técnica analítica, que ele vincula aos efeitos potenciais da maior difusão da psicanálise. "O inconsciente se fecha, com efeito, na medida em que o analista 'deixa de ser portador da fala', por já saber ou acreditar saber o que ela tem a dizer".[74] O paciente não consegue reconhecer sua verdade no que o analista diz, já que nisso não há a estrutura da verdade como revelação, a saber, o encontro com algo novo e absolutamente específico dele mesmo. Para Lacan, só conseguimos ouvir e falar por meio dos significantes singulares que se apresentam em um caso se silenciarmos o conhecimento consciente e não apenas dermos voz ao inconsciente do paciente, como também ao nosso. Isso nos devolve à pergunta de Lacan sobre o Ser do analista e como o Ser e o desejo estruturam tanto o papel de uma pessoa como analista como a posição do analista: "o analista, mais do que outros, deve saber que ele não pode ser em sua fala senão ele mesmo".[75]

A interpretação deve ser tão surpreendente para o analista quanto para o paciente, como se o que o analista dissesse literalmente caísse de sua boca. Toda a ênfase de Lacan na fala oracular encontra ressonância aqui, porém acrescido do elemento de uma falta de conhecimento ou intenção. Ele não pode simplesmente falar de modo oracular. Sua fala assume as coordenadas de um oráculo, já que vem de outra

---

73 Maxwell Gitelson, "Therapeutic Problems in the Analysis of the 'Normal' Candidate". *International Journal of Psychoanalysis*, v. 35, 1954, pp. 174–83.
74 J. Lacan, "Variantes do tratamento-padrão", op. cit., p. 361.
75 Ibid.

parte. O analista redescobrirá sua própria verdade, sob nova forma, em todo caso. Esse verdadeiro reconhecimento em relação à verdade, pelo analista, o uso de seu ser que age até mesmo em silêncio, permite ao paciente encontrar seu "próprio desejo" *no* analista, de acordo com as leis da fala. Embora isso possa parecer um risco de ser nada mais que uma identificação narcísica por parte do analista, é a manutenção do Ser no nível da verdade da fala que o impede de sê-lo.[76] Lacan assinala que o narcisismo é sempre a rejeição dos mandamentos da fala (algo que ele empreendeu grandes esforços para demonstrar ao longo de todo esse artigo), e a pessoa veria em uma análise dessa natureza o reino feroz do supereu aberto por essa solidificação do imaginário.

Muitas vezes fui a segunda (ou terceira, ou quarta) terapeuta de um paciente; e, embora alguns sintomas possam ter se resolvido, o supereu deles se encontra mais duro do que nunca, em especial no discurso sobre si próprios como sintomáticos – *tenho tal e tal problema, devido a este e aquele motivo*. Eles se encontram completamente objetificados. No artigo tardio de Lacan "O aturdito" (1973),[77] ele trata da fantasia do juízo final, em outras palavras, dos ditames do supereu encontrados como uma espécie de ponto de fuga na análise. O sujeito é aquele que sempre "foge", e não há nenhum juízo – em geral do tipo bom/ruim – capaz de estabilizar o sujeito. Tal instabilidade, tal ato de fuga, é preferível à ávida estabilidade de um ser objetificado. A subversão do supereu na direção dessa fuga é necessária ao nível institucional, alega Lacan, se a psicanálise deseja funcionar como tal. Em "Variantes do tratamento-padrão", essa fuga precisa acontecer no plano do conhecimento. Portanto, aqui temos as coordenadas bidirecionais do tratamento: fala e Ser, por um lado, e o imaginário e o supereu pelo outro.

---

[76] Ibid., pp. 361–62.
[77] Id., "O aturdito" [1973], in *Outros escritos*, trad. Vera Ribeiro. Rio de Janeiro: Zahar, 2003.

Lacan faz uma última paródia do analista moderno.[78] Aqui, o analisando da análise didática confirma seu conhecimento de seus problemas edipianos ao confessar que está apaixonado pela mulher que abre a porta para suas sessões, que ele crê ser a esposa do analista. O gracejo de Lacan é que essa fantasia excitante é simplesmente um conformismo e nem de longe constitui um conhecimento vivido sobre o Édipo, que, em todo caso, acabaria rasgando por completo essa fantasia no fim, já que o Édipo conduz a pessoa pelos terríveis apuros da castração. Como Lacan falou a respeito de Édipo, "não foram escamas que lhe caíram dos olhos, como se ele finalmente conseguisse enxergar, mas sim seus olhos que caíram dele como escamas". O que acontecerá, pergunta Lacan, quando pedirmos a esse fulano que se evidencia como nada mais que "um apreciador de fofocas" para dar seu pitaco à questão de variantes no tratamento?[79] Brutal! O analista não tem padrões para julgar uma variante, se descobriu nada mais do que o próprio conformismo durante sua análise! E as condições encobertas que cercam a análise didática (e que perduram até hoje) não podem levar as ideias quanto aos meios e fins do tratamento psicanalítico ainda mais para as sombras. "Cem psicanalistas medíocres não conseguem fazer seu conhecimento dar um só passo."[80]

Para Lacan, a análise deve retificar o relacionamento da pessoa com o desejo. Não existe nada senão o desejo da análise para a psicanálise continuar, para a psicanálise ser a psicanálise e não alguma outra coisa; purificada, como ele bem falou no começo, em seus meios e fins. Somente aí, diz ele, entenderemos a extrema discrição de Freud quando ele diz, acerca do "tratamento-padrão", que

> devo enfatizar que essa técnica revelou-se a única adequada para a minha individualidade. Não me atrevo a contestar que

---

78 Id., "Variantes do tratamento-padrão", op. cit., p. 362.
79 Ibid.
80 Ibid.

uma personalidade médica de outra constituição seja levada a preferir uma outra atitude ante os pacientes e a tarefa a ser cumprida.[81]

É claro que Lacan assinala que esse não é um sinal da profunda modéstia de Freud – alguma sorte de idealização de Freud que mascara uma agressividade profunda –, mas uma verdade sobre a relação do analista com o conhecimento. O analista precisa saber que não pode proceder imitando Freud, que em todo caso não passaria de algo formalista, mas encontra como se medir trilhando o caminho do não conhecimento. Levando isso um passo além, aqui Lacan sugere que cada analista precisa reinventar a psicanálise, precisa inventar seu próprio ser e postura e forma como analista, e que Freud deixa isso em aberto; até mesmo o exige. Então, de certo modo, o "tratamento-padrão" decreta a variação, a variante individual como invenção de si próprio como analista. Lacan encerra dizendo que cada um só pode ser seu próprio ser, o que sem dúvida se faz melhor na fala, na variação pessoal, no estilo; e se você não encontrou essa necessidade mesmo depois de abrir caminho até a cadeira de analista, vai se perder e estará perdido para sempre. De que outra forma se pode abrir caminho pelo inconsciente?

---

[81] S. Freud, "Recomendações ao médico que pratica a psicanálise" [1912], in *Obras completas*, v. 10, op. cit., p. 112.

[3]
A CURA NADA
SOLIDIFICA

PULSÃO DE MORTE

Há alguns meses tive um sonho em que estava em um sebo e encontrava um livro chamado *A dissecação* (ou talvez fosse *A dizimação*) *dos corais*, uma espécie de almanaque que documenta onde os corais estão morrendo ou morreram, mostrando como estão se extinguindo. Conforme eu passava as páginas, fiquei aturdida ao encontrar um desenho ou jogo anotado à margem que reconheci como meus, que eu fizera com um amigo, algo como um jogo da velha, de círculos e Xs. O nome dele, que começa com C e era indicado por essa letra, estava riscado e fora substituído pela letra K, indicando outra pessoa. Na vida real, C e K haviam tido um desentendimento e era como se aquilo dissesse que K havia vencido, que K estava apagando – havia dizimado – C. O sonho terminou com um ar de melancolia ao redor do jogo de soma zero, embora houvesse um quê de surpresa que contradizia sua força, como se parasse pouco antes da certeza da melancolia; senti-me atordoada ao ter encontrado algo de mim nesse livro que chamara minha atenção involuntariamente, e a surpresa afastou a atmosfera pesada.

Por que encontrei esse livro para encontrar essa imagem de meu passado? O sonho foi precedido, na realidade, por uma série de presentes: eu havia comprado uma pulseira de coral para outra amiga cujo nome começava com C. Estávamos meio distantes uma da outra nos últimos tempos. Eu adorava essa pulseira e a desejara para mim, chegando quase a lamentar dá-la a minha amiga de presente. Depois eu compraria brincos de coral para mim, um substituto que eu reconhecia como insatisfatório e que depois perdi duas vezes.

Na forma, o sonho brinca com os sons duros e suaves associados à letra C, o C soando como K, e o C soando como um S, como em "dissecação" ou "dizimação". Muito importante notar que a relação é assimétrica: C é uma letra pouco confiável, soa foneticamente como outras letras, vazando sobre elas ou agindo em silêncio, enquanto o K soa como um K, mantendo seu território. Na noite anterior ao sonho eu havia assistido *A pista*, de Chris Marker, do qual o sonho é uma interpretação: toda investigação do tempo leva à própria morte ou ao próprio estar morrendo. Foi também nessa época que Louis CK havia divulgado um pedido de desculpas por ter mostrado o pinto, tema que eu tinha discutido com algumas pessoas – será que eram desculpas sinceras ou não? C havia me dito que era apenas CK mostrando o pinto de novo, e dessa vez seria seu último golpe de misericórdia.

O sonho em si foi o prelúdio de um segundo sonho, um pesadelo, e dos bem violentos, que parecia marcar um ponto onde muitas coisas poderiam dar errado para mim por algum tempo. Eu me interesso por ambos os sonhos, pois um age como placa indicativa antes de um período doloroso de desligamento – me interessa a tentativa de encontrar uma letra, C-K, que é assombrada por uma negatividade que se manifesta cada vez mais. Aparece o jogo de soma zero entre C e K (que de fato assombra todos os relacionamentos evocados pelo sonho), apontando para a força da negação e do apagamento; enquanto isso, o sonho tenta encontrar um ponto de diferença mínima, C versus K, conforme a instabilidade do C vazando foneticamente para o K ameaça a própria estabilidade buscada.

O K não para de apagar o C, mesmo que o sonho tente conter a diferença, vista nas repetidas iterações dessas duas figuras. Será que essa estrutura começa a conceder representação à perda que assombra o sonho e anima seu desejo? Será que traz o negativo para o primeiro plano, marcando a necessidade de troca em uma assimetria entre parceiros? Ou essa tentativa desliza para dentro do espaço vazio sobre o qual é construída, abrindo-se por fim em violência, angústia, entrando em curto-circuito na forma de um pesadelo – indo em demasia para o lado da pulsão de morte? O pesadelo é o lado subterrâneo e negativo de todo amor: não necessariamente ódio (embora ele esteja presente), mas a negatividade implícita na perda (dissecação e dizimação) que formava o desejo e o discurso iniciais.

É no lugar desse discurso que o que corre o risco de ser completamente destruído talvez possa encontrar uma resposta do analista, e talvez para muitos, somente de um analista – é daí que a verdadeira ameaça emana para você, sinalizada por essas letras.

Quero propor que o estranho texto curto de Freud de 1935, "A sutileza de um ato falho", é uma leitura da pulsão de morte, uma performance dela, incluindo o que ele diz estar em jogo na própria psicanálise. A lição, num primeiro olhar, parece lugar-comum – a saber, a possibilidade de analisar os lapsos, algo que Freud com certeza já havia estabelecido bem. Com no máximo duas páginas, foi escrito pouco antes do bem mais famoso "Um distúrbio de memória na Acrópole" (1936). Freud passa de ações sintomáticas em falso a perturbações na memória e no tempo; um parece ser centrado em mulheres e filhas, o outro, em pais e irmãos. No artigo do "Ato falho", o erro que assume o holofote é um deslize da pena, um erro ao escrever instruções para comprar presentes, um erro mínimo que oculta "muitos pressupostos e precondições dinâmicas".[1] Pequenos erros, grandes motivos.

É como se Freud precisasse nos lembrar que o ato falho não é necessariamente óbvio ou robusto, mas sutil. O esconder-se em plena vista costuma invocar, para Freud, a presença da morte. E, nesse autoestudo, a questão da sutileza é um lembrete ao analista de que toda autoanálise é incompleta, que nossos juízos de valor acompanham nosso desejo de felicidade, que nossas ações muitas vezes fracassam ou sintomaticamente entram em curto-circuito, e, por fim, que ninguém consegue olhar de frente o rosto da morte. Talvez a sutileza de um ato falho nos chame à ordem,

---

1 Sigmund Freud, "A sutileza de um ato falho" [1935], in *Obras completas*, v. 18, trad. Paulo César de Souza. São Paulo: Companhia das Letras, 2010, p. 281.

lembrando-nos de que a análise nunca termina. E talvez essa repetição, essa persistência, seja algo que possamos suportar, menos como fardo ou falha, mas de forma mais simples como a condição para viver, especialmente conviver.

Talvez nos fizesse bem recordar que uma falha não apenas significa um erro como também uma abertura, uma brecha por onde a pessoa pode cair. Freud insinua que seu erro não é um erro, é uma tentativa de errar, uma palavra que é escrita e riscada imediatamente, um erro que autocorrigiu outro erro, uma repetição estilística para a qual a palavra errada alertou Freud. Eis aí a sutileza. Mas é justamente aí que o artigo se volta contra si mesmo.

Em um cartão para acompanhar um presente, Freud acidentalmente escreve a palavra *bis* – que significa "até" em alemão e "pela segunda vez" em latim – em um local onde também havia escrito duas vezes *für* ("para"), "em rápida sucessão". Essa repetição de *für* "não soa bem, deve ser evitad[a]".[2] O sentido fonético equívoco de *bis* em duas línguas – "até" e "pela segunda vez" – se liga ao alemão *für* e o substitui. Freud é alertado para a repetição de *für* pela repetição interna inerente a *bis*, de que ele se lembra pela expressão latina *Ne bis in idem*, "Não repetir o mesmo procedimento", uma máxima do direito romano. Ou *Bis, bis!* em francês, que é como os franceses pedem bis em shows. A ação, portanto, se estende entre dar, para, até, por uma segunda vez, de novo, nunca mais, e a máxima paradoxal "Não repetir o mesmo procedimento".

O imediatismo da ação de dar um presente é interrompido por um ligeiro erro que introduz uma delonga, um intervalo – "até" –, permitindo uma pergunta: *Mais, ou nunca mais?* O erro obtém importância não ao ser cometido, mas ao ser corrigido. O sujeito se desfaz da repetição, ou ela é desfeita, embora o próprio desfazer aponte para o "procedimento" transparente da repetição. A estrutura é explícita, diz Freud, em muitos lapsos. O ato falho, portanto, não é

---

2 Ibid., p. 280.

verdadeiramente uma ação, mas o desfazer de uma ação, uma ação que aponta para seu próprio desfazer, e para esse fazer e desfazer como a força da repetição.

O fascinante disso é Freud afirmar que teria ficado satisfeito com essa explicação estética, a remoção da repetição um tanto feia de *für*, porém é preciso evitar o perigo da interpretação incompleta em matéria de autoanálise. Não podemos nos dar por satisfeitos rápido demais. Há mais. *Bis!* Freud narra o exemplo para sua filha, Anna Freud, que o lembra que ele já dera o mesmo presente à mesma mulher. A mulher, por acaso, era a psicanalista infantil estadunidense Dorothy Burlingham, e esse presente repetido era provavelmente a repetição que ele queria evitar.

Por trás da repetição da palavra, e da palavra errada para o que parecia ser a ação correta, encontramos ainda mais uma repetição – desta vez na realidade – do presente: o mesmo anel com uma pedra preciosa gravada. Por que Freud deseja dar esse presente duas vezes? Na verdade, parece que ele *não* queria dar o presente de novo como um ato de impropriedade, e sim que, desde o primeiro momento, ele nunca quisera dá-lo.

> É fácil prosseguir. Eu buscava um motivo para não presentear a gema. Ele estava na consideração de que eu já a havia dado de presente antes – uma muito semelhante. Por que essa objeção foi escondida e disfarçada? Tinha de haver algo que receava vir à luz. Logo vi claramente o que era. Eu não queria me desfazer daquela gema, ela me agradava muito.[3]

Ao dar o presente duas vezes, ele teria criado um motivo para não dar o presente a Dorothy Burlingham e sim a ele próprio. Freud se consola com o pensamento de que "[u]m arrependimento desses apenas realça o valor do presente. Que presente seria, se não nos pesasse um pouco nos privarmos dele?".[4] Essa repetição eleva o presente à segunda

---

3   Ibid., p. 281.
4   Ibid.

potência: Freud tanto dando-o duas vezes, como potencialmente perdendo-o duas vezes. Funciona não apenas como essa dupla perda, mas também como outra renúncia ao ato de doar, uma reafirmação do egoísmo.

Para de fato presentear algo, diz Freud, a pessoa precisa experimentar o presente como uma perda – o que não é óbvio –, e é essa experiência de perda em potencial que aparece no papel na repetição, no espaço entre *de novo e de novo* e *nunca mais*. Aparece uma intensa ambivalência, e não fica claro se o nunca mais – a figura da morte – é o que ele está tentando prevenir ou encontrar. Perder duas vezes trata de uma ação que não é simplesmente o desfazer de outra, anterior, mas de uma ação intensificada pela repetição. Mais ainda, Freud inclui a filha – implicada no presentear – supostamente para verificar que sua análise é sólida, chegando mais perto da ação, da repetição na realidade.

Por que Freud escreveu esse texto curto em 1935? Talvez devamos vincular esse texto ao seguinte, "Um distúrbio de memória na Acrópole", de 1936, onde há um jogo afetivo entre ter chegado muito longe, a experiência da irrealidade, e a piedade filial. Freud, ao visitar a Acrópole com seu irmão, interpreta sua descrença como uma perturbação na memória, um rasgo no tecido da realidade que se dá quando ele confronta um momento em que supera o próprio pai, que era pobre demais para viajar. *Então ela existe!* é uma tradução de *Jamais achei que eu chegaria tão longe*, ou *Isto é bom demais para ser verdade*. Freud está falando sobre a irrealidade advinda de se ultrapassar determinado limite, de realizar um desejo há muito guardado, deslizando entre o semipresente e o cumprimento mortal de um desejo.[5]

A culpa surge nessa duplicação da consciência – isto está e não está acontecendo –, que evoca certo desânimo. Mais do que isso: a satisfação desautorizada, diz Freud, pode servir como um forte motivo para adoecer, algo que se opõe à regra geral de que a doença neurótica é resultado

---

5 Id., "Um distúrbio de memória na Acrópole (Carta a Romain Rolland)" [1936], in *Obras completas*, v. 18, op. cit., pp. 254-55.

de frustração. A essa inversão no sintoma, Freud chama transmissão de culpa intergeracional por meio do supereu – a pulsão de morte passada de geração em geração –, mais bem vista em como ela assombra os que são arruinados pelo sucesso, que não conseguem receber nada. O limite está posto, a ameaça está feita. A pessoa recebe a ordem: *Não ultrapasse o ponto onde estou. Não se satisfaça!* O sujeito é avisado de que, para além daquele limite, ocorrerá o desligamento.

"Análise terminável e interminável", escrito por Freud em 1937, vê-se prenunciado no artigo de 1935 sobre "A sutileza de um ato falho". O texto do "Ato falho" pode ser lido como um alerta a futuros analistas contra a análise incompleta. Se Freud alega que existe uma renúncia incondicional à castração ou à morte, que a pulsão de morte é inexorável, a análise é interminável? Se o desejo de domínio obstinado se encontra igualmente presente nos dois sexos, no qual a doença é preferível à cura, será então a análise interminável? Freud diz que o ponto mais difícil é quando o paciente precisa reconhecer a ajuda vinda do outro. É aí que a maior parte das análises naufraga. A questão do que pode ser trocado é, para Freud, também uma questão sobre a própria instituição da psicanálise.

O problema que ele delineia em 1937 diz respeito à "reação terapêutica negativa", ou o lado negativo da transferência: ódio, e não amor – ou ambivalência, de forma mais geral. O paciente deseja permanecer doente para demonstrar seu ódio, em vez de melhorar como resultado de seu amor. Tal dilema foi sinalizado na década de 1920 quando o sucesso inicial do tratamento psicanalítico deu a impressão de ter chegado ao fim. Os insights haviam se tornado muito lugar-comum, ou o insight, conforme era concebido na época, não mais se mostrava a força operante do tratamento, fazendo com que Freud reescrevesse a economia da libido. Freud situa um além, onde a diferença entre o que é prazer e o que é desprazer, o que é vida e o que é morte, o que é amor e o que é ódio, o que é um presente e o que não é, torna-se muito mais difícil de distinguir ou reter, e isso tudo parece convidar à compulsão de repetir, que não constitui simplesmente a repetição de um prazer nem mesmo de um desprazer, mas uma repetição que procura demarcar algum limite ou fronteira extremos.

O caráter implacável desse além, a dificuldade dessa demarcação, é o motivo de os analistas por vezes terem de retornar, repetidamente, para a análise, como forma de manutenção ou prática higiênica. Até mesmo Freud, que nunca foi analisado, o disse. O próprio além do princípio do prazer é o problema do mais e mais, do de novo e de novo, necessário nessa fronteira. Para Lacan, o analista precisa estar possuído por esse mais, essa monstruosidade da pulsão na forma do desejo do analista, algo que ele também chama de "a ética da psicanálise".[6] Estranha inversão, mas Lacan é assim mesmo.

Se para Freud o amor era sempre uma ilusão que acaba traindo a ambivalência e a pulsão da morte da pessoa em relação a entes queridos, para Lacan a morte poderia se tornar o dom do amor, a doação e o recebimento de nada, algo que podemos escrever de novo e de novo. Para Lacan, o amor é essa escrita. Não é essa, também, a própria definição tão paradoxal daquilo que uma instituição psicanalítica precisa ser como grupo de pessoas centrada num amor do inconsciente? E não é isso o que a psicanálise garante – uma moldura para poder tratar desse trabalho sem fim?

A definição lacaniana do amor tenta, portanto, levar em conta o além de Freud, abrindo espaço à culpa e aos atos falhos sempre presentes entre parceiros apaixonados. Ele diz que foi precisamente esse duplo movimento em Freud que o afetou de modo profundo. É onde ele começou com a psicanálise:

> O começo da sabedoria deveria ser começar a perceber que é nisso [na questão do amor] que o velho pai Freud rompeu

---

6 Ver J. Lacan, *O seminário, Livro 7: A ética da psicanálise* [1959–60], trad. Antônio Quinet. Rio de Janeiro: Zahar, 1988.

caminhos. Foi daí que parti, pois isto, a mim mesmo, me tocou um pouquinho. Aliás, poderia tocar qualquer um, não é?, ao perceber que o amor, se é verdade que ele tem relação com o Um, não faz ninguém sair de si mesmo [...] como é que pode haver amor por um outro[?][7]

Nessa toada lacaniana, os símbolos de amor de Freud, os anéis da morte, podem significar o reconhecimento da fragilidade e da falha, em vez de sua renúncia. O anel não é o símbolo do Uno, a unidade de Freud e seus seguidores em uma paródia de igreja, mas o presente de um buraco delimitado, que é transferido de analista para analista, de um para o outro. Talvez Freud repetisse a verdade básica do ato falho no final de sua vida, entregando sua semianálise à filha com um *não sei o que estou fazendo* que poderia ter sido assumido por ela, por todos nós. *Mas eu nunca quis dar nada a ninguém, para início de conversa*, insiste Freud de forma cômica. Ou melhor, meu presente era um presente de nada. O desejo de Freud não apenas está em questão, como é colocado em questão sem parar, como um bis interminável.

---

[7] J. Lacan, *O seminário, Livro 20: Mais, ainda* [1972–73], trad. M. D. Magno. Rio de Janeiro: Zahar, 1985, p. 61.

SOLIDÃO

Acho que nunca me senti tão sozinha quanto durante a formação analítica, mas uma característica da solidão é sua magnitude egocêntrica acompanhada da amnésia em relação a qualquer outro momento em que se tenha estado solitária, como se a solidão se dissipasse graças ao recalque apenas para se abater outra vez sobre você com um imediatismo implacável. Existe uma qualidade singular na solidão de ser analista em formação. Talvez possa ser encontrado um movimento da solidão à solitude; movimento crucial para o ato de aprender a escutar, aprender a usar sua vida inconsciente, encontrar uma posição ali. Talvez até mesmo se possa tentar pelejar com a questão de como a formação analítica pode apoiar ou prejudicar a transformação da solidão.

À primeira vista, a intensidade da solidão por que passei quando fazia a formação parece propícia para uma interpretação da repetição. Como foi sua experiência na escola? Decepcionante, de forma geral? Quais eram suas expectativas? De onde elas vieram? Você foi uma criança solitária? O que a formação analítica despertou em você em relação a seu passado? Por trás disso tudo há uma questão mais estrutural. O que significa ser analista em formação? O que podemos dizer sobre essa experiência, de estar no meio da experiência estranha, difícil e absolutamente singular de assumir a posição de analista pela primeira vez? É uma fronteira finíssima entre a história pessoal que alguém traz para a formação psicanalítica e a história da psicanálise em si, a formação de um sistema de formação.

Lembro-me de um e-mail que circulou por meu instituto, escrito por uma colega que falava com entusiasmo sobre o orgulho que ela sentia de fazer parte daquele lugar histórico e de seus inúmeros doutos clínicos, evocando uma imagem potente de família e linhagem. Um desespero persistente a respeito da formação e dos institutos sempre me atingia de forma pungente nesses momentos, juntamente com certa dose de ira culpada, autoacusação e intensa solidão. Por que eu não me sentia daquele jeito? Onde estaria minha gratidão? Pensando na solidão dos analistas em formação, minha própria história mítica não parava de me vir à cabeça e foi meu bote salva-vidas durante a formação. Não paro de retornar a ela. Percebi, ao refletir a respeito, que era a história da antítese de uma analista em formação, a história de uma formação não formativa, no mínimo porque na verdade não havia lugar algum para me formar, nenhum instituto, apenas a mais tênue ideia do que a psicanálise deveria possibilitar. Em minha imaginação, ausentes essas estruturas, o desejo de psicanálise parece ter ocupado uma quantidade de espaço descomunal para poder tomar forma. É isso o que lhe confere seu caráter mítico.

A história é sobre o ponto de solitude mais agudo que existe quando se assume um caso, assumir a responsabilidade como psicanalista, algo que só pode ser visto de maneira tão clara porque quase não restam apoios de pé. Precisamos de extremos, não para estabelecer um caminho do meio, mas para esclarecer aquilo que é universal. É isso que acho tão extraordinário sobre a metodologia de Freud: pegar a perversão e estabelecer o lugar do desenvolvimento psicossexual em todos os seres humanos, pegar o sonho e situar o inconsciente, pegar até a psicose e delinear o poder do desejo, tanto na defesa como na cura.

Uma mulher chamada Rosine Lefort, de trinta anos de idade, começa sua análise com Lacan em Paris no começo dos anos 1950. Um ano e meio depois, começa a trabalhar em um hospital, a Fundação Parent de Rosan, sob a direção da pediatra e logo depois psicanalista Jenny Aubry (mãe de Élisabeth Roudinesco, a grande historiadora da psicanálise francesa e também psicanalista). Rosine deveria trabalhar com crianças entre as idades de um e quatro anos que haviam sido abandonadas por suas famílias ou estavam sendo cuidadas no hospital porque seu único responsável vivo adoecera. O hospital não compreendia a diferença entre doença física e mental, e as crianças eram deixadas na cama a maior parte do dia. Rosine descreve que as crianças observavam uma enfermeira alimentá-las uma a uma, cada qual sabendo perfeitamente seu lugar na fila. Chorando, observando, esperando; três vezes ao dia, era assim que as refeições eram recebidas.

Paris estava meio atrasada no tocante à psicanálise devido à Segunda Guerra Mundial e a uma resistência geral a essa disciplina, que não era tão grande nos mundos germanófonos e anglo-americanos. Prevendo a Ocupação, a Société Psychanalytique de Paris fora completamente dissolvida. Deve-se dizer, porém, que até mesmo em sua mínima existência antes da guerra ela exercera bem pouco impacto nos sistemas hospitalares, dominados por uma tradição longa e muito ortodoxa de psiquiatria francesa que remontava a Jean-Martin Charcot e Pierre Janet e incluía figuras como Gaëtan de Clérambault e Henri Claude. Os hospitais eram vistos como locais para expandir o conhecimento e a pesquisa da psiquiatria francesa e de seus sistemas classificatórios, não como centros de tratamento. A psicanálise era um enorme terreno de disputas nesse aspecto.

Jenny Aubry estava trabalhando com Françoise Dolto, uma das primeiras psicanalistas infantis da França. Tanto Aubry como Dolto vinham consultando Anna Freud, Melanie Klein, D. W. Winnicott e o Tavistock, de forma geral. Estavam interessadas no trabalho de René Spitz e John Bowlby, este último chefe de um estudo internacional sobre crianças hospitalizadas que financiava, em parte, o trabalho de Aubry e que deve ter feito parte do apoio financeiro para o cargo de Rosine no hospital. As duas também trabalhavam com Lacan.

Aubry vinha escrevendo um importante livro chamado *Enfance abandonnée* [Infância abandonada], tratando da exacerbação ou criação de doenças nessas crianças em virtude da hospitalização prolongada. Ela esperava, obviamente, modificar a maneira como os doentes mentais vinham sendo tratados na França. Rosine Lefort, ao iniciar suas atividades, analisa quatro crianças que pareciam à beira da psicose. A análise de seus dois primeiros casos, em especial Nadia, de treze meses, é incrivelmente intensa. O trabalho com Nadia – sobre o qual podemos ler nos detalhes mais extraordinários e sem precedentes – parece exigir que Rosine dê tudo de si para ajudar essa criança, cuja saúde se encontra em declínio alarmante, com um atraso de desenvolvimento. Algo no olhar de Nadia, o prazer que ela sente em olhar e brincar de trocar olhares apesar da passividade quase total, impele Rosine a trabalhar com ela primeiro. Nadia ainda desejava travar alguma réstia de contato; havia sinais de vida. Rosine leva Nadia a uma brinquedoteca para sessões cinco vezes por semana.

Nos primeiros meses de tratamento, Rosine interpreta que Nadia está tentando extrair um objeto de seu corpo que ela seja capaz de tolerar como separado. Se for considerado separado, poderia ser uma fonte de desejo. Para Rosine, trata-se de um encontro com um ponto de perda quase insuportável para ela, e esse caso nos oferece um vislumbre da forte ligação entre ser capaz de desejar e ter de confrontar a perda ao fazê-lo. Queremos aquilo que não temos: o desejo demonstra nossa dependência de forças externas.

Sozinhos com nossos desejos, precisamos estender a mão para o mundo lá fora, o que Rosine vê como algo que literalmente nos dá um interior e um exterior, demarcando a diferença, o vão crucial entre as duas zonas. Para ela, o desejo nos dá à luz como seres humanos, criaturas formadas no nó da pulsão, do desejo e da perda. A psicose infantil, a psicose em geral, se recusa a deixar esse nó se formar, tomando outra direção, a de uma espécie de dispersão desses fios numa difusão da pulsão, desdiferenciação e um encapsulamento semelhante ao do autista. O desejo, como força formadora do sujeito, está excluído.

A cena que vem à mente é de quando Nadia, tendo por fim juntado coragem para ter mais contato com Rosine, busca sua boca, delineando-a com os dedos e colocando-os lá dentro, e depois tocando a própria boca. Ela morde o canto de um biscoito e depois faz com que Rosine faça o mesmo. Deparando-se com essa diferenciação mínima entre sua boca e a de Rosine – encontrando sua boca por meio do registro da imagem de outra –, ela se torna incrivelmente violenta: unha e arranha o pescoço de Rosine. A psicanalista interpreta isso tanto como uma defesa por ter registrado o lugar onde fica sua boca (não há buraco no pescoço de ninguém) quanto como a simbolização primordial do que ela acabara de encontrar.[1]

É importante ver esse ato de simbolização até mesmo na negação e no *acting out* violento. Foi um passo decisivo no tratamento, uma possibilidade aberta na transferência onde objetos podiam adentrar uma economia de troca, como Rosine o vê, na forma de significantes orais, anais e fálicos. Nadia precisava renunciar, mas, nesse primeiro ato de renúncia, ela reconhece um vão entre si e o que ela quer. Nesse querer, ela começa a estruturar sua autoimagem. A boca foi seu primeiro objeto crucial, importante porque Nadia mal estava comendo, não usava a boca para sugar e parecia quase não ter prazer oral, uma situação tão grave que sua saúde entrara em rápido declínio.[2]

Nas sessões, Nadia havia puxado os dedos de Rosine, seus dentes e pele, mas a boca se tornou cada vez mais o centro de sua atenção, comprovando-se oca, um vão pronto para uma investigação do que não pode ser preenchido. Tendo sido preenchida de forma passiva por enfermeiras por quase a vida toda, tratada feito um corpo inerte, a pessoa começa a ver o que está em jogo. Rosine conjecturou que, no impulso para a psicose, não existe boca, nenhum orifício que aja como local de intercâmbio. Não há buracos no corpo, que, interpretado nessa totalidade psicótica, age como uma superfície lisa a que nada falta. A psicose é

---

1 Rosine Lefort, em colaboração com Robert Lefort, *Nascimento do outro*, trad. Angela J. Salvador. São Paulo: Fator, 1984, p. 19.
2 Ibid., pp. 7–9.

uma recusa da separação, cuja superfície lisa nada ancora, nenhuma autoimagem, nenhum outro.[3]

Rosine precisa trabalhar contra esse ímpeto regressivo, abrir espaço para o desejo e a vontade. Porém, quando o desejo é experimentado, a agressividade imediatamente irrompe em Nadia. Rosine escreve sobre a experiência:

> Eu tenho então que ser sensível aos limites que ela me impõe, pois o sofrimento neurótico que eu mesma conheci, foi em meu próprio corpo que eu o vivi intensamente; um corpo com o qual, como sempre nesses casos, eu não sabia o que fazer, a não ser torná-lo objeto de cuidados. Nadia, por sua vez, só tem corpo como objeto de cuidados. Quer seja em família ou em ambiente institucional, a solicitude ambígua das pessoas próximas pode deixar o sujeito no abandono total de um corpo fisicamente manipulado no real, sem que uma palavra venha responder de seu lugar de sujeito. Isso indica o quanto, a partir dessa experiência dolorosa, eu estou pouco inclinada à maternagem, isto é, a dar um suplemento de cuidados e a colocar em jogo, inconsideradamente, o real dos corpos, o da criança e o meu. [...] Na relação analítica que se instaura, Nadia me coloca num lugar onde ela me demonstra o caráter real de meu corpo, ao mesmo tempo que me impõe renunciar a ele. É desse lugar que eu vou me deixar interpelar por ela, escutar o que ela tem a dizer, dizer a morte para poder viver.[4]

Rosine trabalha por pouco mais de um ano tentando reverter as consequências da doença de Nadia e podemos ver que, com isso, ela já começa a fazer referência a sua própria "neurose", a algo que ela sabe sobre como um corpo se sente em sofrimento neurótico. Através disso, ela é capaz de reconhecer os primeiros rumores do desejo – morte – no desdobramento de sua relação na transferência.

Nadia precisa emergir como um sujeito por si mesma, mas sua doença é tal que, apesar de isso ser exatamente

---

3 Ibid., p. 36.
4 Ibid., pp. 10–11; trad. modif.

do que ela precisa, é exatamente isso a que ela renuncia. Rosine entende como essa criança solicita de modo neurótico (já com treze meses de idade) justamente o cuidado irrelevante para o que é exigido por essa tarefa de se tornar sujeito. Rosine não pode confundir esse registro de compreensão com maternar a menininha, reduzir a escuta a uma troca de carícias que a silenciaria. Fazê-lo significaria uma espécie de renúncia. São renúncias que todos precisamos aprender a fazer ao assumir o cargo de analista, mas aqui vemos especificamente como isso se dá no nível corporal. Sim, trata-se de uma criança pré-verbal, mas Nadia, creio eu, demonstra o princípio original da abstinência, a necessidade de que a demanda por troca corporal seja trocada, a todo custo, por palavras nascidas do desejo. É apenas nelas que podemos esperar nos encontrar. Nadia conduz Rosine à verdade psicanalítica básica.

Pode-se imaginar que *somente* a psicanálise – acomodada nas proporções míticas que eu lhe emprestava como analista em formação – seja capaz de possibilitar isso. Só a psicanálise pode recuperar uma criança nesse estado, recusando-se a confundir cuidado na forma de higiene mental com o que precisa acontecer de forma mais duradoura. E não se trata simplesmente de "cuidar melhor" do que as enfermeiras. Não são as administrações bem organizadas de um médico. A psicanálise não pode tomar parte nessa forma de moralidade. A questão do que dá à luz um sujeito, separado de um corpo, separado de uma vida meramente biológica, é a questão-guia para Rosine.

É isso que é tão impressionante nesse trabalho: ao lê-lo, você a lê atravessando essa fronteira entre um cuidado que apassiva e silencia e essa outra coisa chamada psicanálise. Você observa Rosine inventar a psicanálise entendendo como diferenciar as duas coisas. Não é óbvio, e também nos damos conta de que não seria óbvio nem mesmo para uma psicanalista "plenamente" formada – fato, sem dúvida, tranquilizador para um analista em formação. Que Rosine seja capaz de fazê-lo é o que salva Nadia. Inventar-se como psicanalista se torna sinônimo da cura dessa criança. Seus destinos estão completamente entrelaçados.

Para mim, é aí, nesse momento, que o terreno está pronto para a narrativa mítica. Esse é o ponto em que o que Rosine está em vias de inventar passará a entrar em sua vida de forma mais ampla. Formar-se psicanalista se torna uma força operativa cujas linhas parecem as linhas do destino. Não é sempre assim que se desenrola um mito? Realiza-se uma ação que modelará uma vida com a força do destino, já prevista por algum tipo de oráculo, feito uma mensagem de Cassandra à qual ninguém deu ouvidos. O destino não se desdobra sempre a partir de um momento de escolha crítica, Rosine parada na encruzilhada?

Esse momento de escolha frutifica-se em sua própria vida: a intensidade do trabalho de Rosine com Nadia (e pouco depois com mais três outras crianças) é tão grande, convoca-a a usar de sua própria experiência de doença a tal ponto que ela sente que não consegue continuar sua análise pessoal ao mesmo tempo. A escolha é sentida como "ou um, ou outro": ou a análise dela, ou a deles. Ambas não podem coexistir. Rosine decide que precisa deixar sua análise de lado até se sentir capaz de realizar as duas outra vez. Ela escolhe Nadia em vez de si própria e, talvez, em vez de Lacan. O hiato dura treze meses, o tempo que ela passa trabalhando no hospital com aquelas quatro crianças.[5]

É a esse momento que retorno sem parar em minha imaginação. Pensei sobre a escolha que Rosine acreditou ter de fazer, a posição em que colocou seu analista. Será que Lacan interpretou essa decisão como defesa, como parte da neurose de transferência? Será que ele a fez sentir que a escolha antitética fazia parte de sua doença ou de uma contratransferência que precisava ser analisada? Apoiou o desejo dela de interromper as sessões e sua conexão com o que lhe era tão doloroso em relação a ter em consideração, ao mesmo tempo, ela mesma e aquelas crianças? Teria o

---
5 Ibid.

próprio trabalho sido visto como um substituto razoável por certo tempo para estabelecer a identidade analítica dela? Teria ele afirmado a posição dela como psicanalista, em que o desejo é precisamente uma força que nos convoca a tomar uma decisão, que pende na balança feito vida e morte? O que será que Lacan fez? Embora eu tenha mapeado tudo isso, tal como estou descrevendo agora, a estranha ironia é que existe muito pouco de fato escrito sobre esse momento pela própria Rosine.

Observando o trabalho dela, fiquei surpresa ao ver como é esparsa a indicação desse momento em comparação não só com o que eu imaginava a respeito dele como também nas diferenças que apresenta em relação à imensa obra que ela escreve sobre os próprios casos (só o de Nadia tem mais de duzentas páginas). Rosine escreve:

> O [tratamento] de Nadia foi o primeiro cronologicamente. Mostrarei como fui levada a empreendê-lo. Esse tratamento durou cerca de dez meses, de outubro de 1951 a julho de 1952. Em outubro de 1951, eu estava há dezoito meses em análise, que me tinha sido imposta pela necessidade de sair de um sofrimento neurótico e que, por isso mesmo, era difícil. Difícil a ponto de, ao longo do tratamento de Nadia, eu ter me sentido na impossibilidade de prosseguir regularmente as sessões de minha própria análise durante vários meses. O tratamento de Nadia, assim como o das outras crianças, que comecei sucessivamente nos três meses seguintes, asseguraram, pois, de qualquer sorte, a continuidade de meu trajeto analítico, no interior do qual eles se inscreveram.[6]

Com isso, ela encerra seu prefácio. Percebi que nem o que ela dizia sobre sua análise, nem sobre seu próprio sofrimento, e sim o que líamos *a partir disso*, nas entrelinhas de cada caso, é que por fim nos dá uma pista de como é profunda a passagem que ela escreve. Ela dá a dica e seguimos

---

6   Ibid., p. 1; trad. modif.

a pista farejada na história de seu trabalho com Nadia, à medida em que esta se desenrola.

Ao se pensar em mitos – e claramente estou trabalhando com suas formas clássicas –, passagens que mudam a vida são vencidas por meio de exílios forçados, confrontando a necessidade de sacrifício, uma odisseia perigosa, ou simplesmente o desconhecido. Essa mudança na ordem sempre envolve uma separação radical dos ancestrais, da família e do lar. A passagem inscreve algo indelével em seu passar. Meus pensamentos se voltam nessa direção porque a última palavra que Rosine usa em seu prefácio é "inscreveram". Algo necessitava ser inscrito – uma palavra com o sentido duplo de "gravar, escrever ou marcar, de forma duradoura", e de "nomear, dedicar ou assinar", proveniente do latim *inscribere*.

Sabemos que Freud falou do inconsciente como uma espécie de escrita, como uma tábua mágica de escrita cujos vestígios formam uma matriz de desejo e memória. Mas esses vestígios de memória no inconsciente também são organizados ao redor de momentos traumáticos, em especial experiências inevitáveis de perda no contexto do desenvolvimento do ser (sexual) de cada um. Trauma significa ferida, furo, abertura, e vincula-se ao corpo. Apagamos parte do sentido original do inconsciente como escrita traumática em uma ideologia contemporânea que posiciona o trauma como simplesmente ruim, se comparado àqueles que supostamente "não estão" traumatizados. Para Freud, a sexualidade é inevitavelmente traumática mesmo na própria força que a pulsão exerce na mente. Debater-se com essas forças pode fazer surgir algo de novo na subjetividade.

Tentando retornar a esse sentido original, eu diria que o ato de Rosine de abandonar sua análise faz justamente isso. Ele pontua ou marca criando um vão, e esse vão fornece um espaço, uma abertura, para seu desejo como psicanalista. Não há dúvidas de que foi traumático no sentido recém-descrito, algo que exercia força a partir de dentro, e Rosine teve de encontrar alguma forma possível de sustentar essa tensão, de suportá-la. Por meio dessa ausência, seu trabalho pioneiro com crianças inscreve-se em sua análise, e sua análise circunscreve esse momento, por mais ausente que ela estivesse, quando ela assume a posição de analista.

A imagem é comparável à de um círculo com um buraco no meio, uma figura como a da boca ou de qualquer orifício cuja estrutura com bordas a psicanálise tenha indicado como as zonas erógenas da sexualidade. A borda é uma fronteira entre o dentro e o fora. Permitindo à pulsão circunscrever essa fronteira, simbolizar e significar um ponto de intercâmbio, o corpo se torna um corpo escrito, um corpo com potencial para linguagem, criatividade, sublimação. Ele é, nas palavras poéticas de Rosine, a escrita de um buraco, tal como aquilo que significa enxergar com a própria boca, conforme Spitz certa vez caracterizou o bebê.[7]

Por mais que tentemos, todas as zonas erógenas, a começar pela boca, são vazios que no limite não podem ser preenchidos. Tentá-lo – por que chamar isso de desejo, afinal – forma um sujeito com um dentro e um fora. Lacan tratou dessa formação certa vez como uma luva virada do avesso, a superfície interna de uma fita de Möbius que percorre simultânea a seu limite externo.[8] A autoimagem mais básica é assim formada, e trata-se de um ato radical de nomeação, do ser invocado à existência. Freud escreveu que o eu é antes de tudo um eu do corpo, e Rosine pretende encontrar esses momentos iniciais quando o corpo começa a ser um corpo escrito, vinculando a pulsão à estrutura nascente do eu. Lacan, é claro, elabora esses conceitos de forma teórica em seu artigo sobre o estádio do espelho.

Rosine escreve sobre um lapso em suas anotações, quando se esquece de mencionar que Nadia quis sua ajuda para olhar no espelho antes do fim da sessão:

---

7 Cf. o capítulo "O corpo furado, tórico", in *Nascimento do outro*, op. cit.
8 Ver *O seminário, Livro 23: O sinthoma* [1975–76], trad. Sergio Laia. Rio de Janeiro: Zahar, 2007.

posso dizer, no sentido próprio do termo, que o tratamento de Nadia fez parte de minha análise, visto que foi com ela, e através dela, que abordei minha própria imagem especular, ou melhor, suas relações com o Outro. Ilustração exemplar do lugar do analista como alguém que, por um lado, é ensinado pelo analisante; porém mais ainda do que um ensino, tratou-se do trajeto inconsciente essencial que esse bebê analisante me levou a fazer. Depois do tratamento de Nadia, a experiência de ficar diante do espelho nunca mais foi a mesma para mim.[9]

De fato, uma dupla inscrição. Se o analisando não for aquele que ensina o analista, como essa dupla inscrição pode acontecer? Tal tipo de escrita inconsciente – o que ela chama de passagem inconsciente – é como Rosine Lefort virá a definir o trabalho analítico. As autoimagens do analista e do analisando são alteradas mutuamente.

Quando se tem a narrativa que cristaliza um mito, é importante compreender seu resultado, a trajetória daquilo que ele colocou em movimento por meio dessa inscrição, tal como tudo o que se seguiu à decisão de Antígona de enterrar seu irmão Polinice em desafio à lei de Creonte. Lacan estimulou Rosine a apresentar parte do trabalho dela quatro anos depois em seu recém-formado seminário, que serviria de base para a École Freudienne de Paris. Tais casos foram vistos como uma aplicação importante e inaugural das ideias da psicanálise francesa para trabalhar com crianças gravemente doentes. Jenny Aubry, Françoise Dolto e Rosine Lefort continuaram a expandir a psicanálise infantil na França durante as décadas de 1960 e 1970.

Rosine se junta a Maud Mannoni, outra figura heroica para mim, em seus experimentos com ambientes de pacientes internados e tratamento de doenças severas, de retardamento pseudomental até esquizofrenia e autismo, na École Expérimentale, em Bonneuil-sur-Marne, nos subúrbios a sudeste de Paris. Mannoni escreveu de forma extensa sobre

---

9   R. Lefort, *Nascimento do outro*, op. cit., p. 93; trad. modif.

trabalhar com famílias e dentro de instituições, desenvolvendo um lugar para psicanalistas nos mais divergentes ambientes, demonstrando como a psicanálise se posiciona de forma única nas intervenções mais cruciais feitas nesses ambientes. Figuras como Gilles Deleuze, Félix Guattari e outros foram a Bonneuil – que se tornou lendária – para trabalhar e desenvolver suas ideias sobre psicanálise e sua relação com toda uma série de disciplinas, incluindo teatro, política, arte e filosofia, criando um espaço intelectual público para a discussão da psicanálise. Rosine Lefort publica esses casos em formato de livro, porém apenas trinta anos depois. Ao ver esse arco, entendemos que ela nunca poderia ter calculado o ponto a que chegou.

Quero reiterar que não julgo e não julgaria a necessidade de Rosine de sair da análise – ela, com certeza, não o faz. Na verdade, faz o oposto, pois o que transmite de forma única nesse texto é o desejo poderoso de ser psicanalista, ao qual aludiu ter nascido dessa decisão. Transmitir esse desejo por meio de um texto escrito é uma tarefa difícil e, em minha opinião, raramente comunicada; trata-se de um desejo que pode ser obliterado com facilidade pela lealdade teórica da pessoa, por compromissos institucionais ou simplesmente pelo fardo pesado do conhecimento fetichizado. Se você pretende comunicar desejo, há pouquíssimo espaço para o superegoico, cujas propriedades de prosa metamórfica deveriam ser examinadas. Rosine, a meu ver, consegue.

Algo novo precisa ser criado a todo custo, e a passagem inconsciente necessária a essa criação é angustiante e, no mais das vezes, muito, mas muito solitária. A dificuldade de sustentar a posição analítica diante dos pacientes mais jovens em uma situação extrema é o que considero tão iconoclasta na obra de Rosine. Ainda mais por uma analista que não poderia ter nenhuma garantia de sua posição, de seu trabalho ou mesmo de seu status, uma vez que não tinha formação analítica formal, havia abandonado a própria análise e não estava a par da maior parte dos desenvolvimentos conceituais na França com respeito a teoria e técnica.

O apelo de uma fantasia de resgate perniciosa deve ter sido incrivelmente intenso, mas, como ela bem devia saber, representaria uma violação completa da estrutura analítica. Posso apenas imaginar a atratividade entre essa fantasia e sua identificação com os princípios do processo psicanalítico, algo que ela só havia começado a experimentar por si mesma dezoito meses antes. Como fez isso? Rosine desenvolve um foco como o de um raio laser para descobrir alguma maneira, qualquer maneira, de permitir que os objetos – sejam eles comida, brinquedos ou partes de seu próprio corpo – assumam uma dimensão simbólica na transferência. É o confronto mais íntimo e minucioso com esses objetos tratados somente como significantes na transferência que parecem trazer a criança para fora de seu impasse.

Ou seja, esses objetos não são encarados como objetos para preencher uma falta, para estufar um corpo, mas escutados como significantes que Rosine marca não só pela interpretação como pela atenção, por exemplo, a sua própria presença, diferente daquela das enfermeiras da ala hospitalar. Ela cria o tratamento e sua estrutura. A estrutura não está lá a priori, como se só por chamarmos um analista ela existisse. A estrutura é algo que se cria, como analista, por meio da escuta, unicamente com a convicção do que isso deve possibilitar.

A psicanálise é um ato de criatividade que se realiza em total solidão, especialmente no começo. A forma mais fácil de lidar com essa solidão – a invocação da autoconfiança e do senso da doença individual de cada um – é frustrando o processo analítico e colocando em seu lugar algo que *dê a sensação* de ser mais substancial. Uma fantasia de resgate, e a criança seria chamada a falar comigo por mim, não por si mesma.

Se a solidão corre feito uma linha reta, uma noite insone sem fim que infunde a tudo, então há algo importante aqui sobre o que perturba um estado de coisas, o que invade a solidão e a transforma, o que torna a solidão um estado de criatividade. Eu diria que tem algo a ver com a forma sublimada do desejo. O lado negativo do desejo é a solidão. Somos inevitavelmente sozinhos em nosso desejo. Desejar é aceitar a solidão na forma de solitude, que termina por dar à luz novas possibilidades.

Rosine usa a própria análise, *mesmo ao abandoná-la*, para conseguir sustentar seu trabalho transferencial com aquelas crianças. Isso a cria enquanto psicanalista e cria um vínculo com o campo como um todo. É assim que a psicanálise francesa acabaria chegando a entender (anos depois do caso de Nadia) o que se chama de "o desejo de psicanálise", que ata os analistas a sua profissão impossível. Ainda que trabalhemos em solitude, sozinhos em nossos consultórios, manter esse vínculo social é importante. No entanto, isso é visto como nada além de desejo, fundamentado numa confrontação profunda com a perda. Isso significa que ele não pode ser algo como um falso objeto para preencher um buraco na forma de identificações com o poder, o prestígio ou até a família, que constituem uma recusa da perda, da solidão e da necessidade de solitude.

Por fim, se o desejo for transformado em um desejo de psicanálise, então se trata de um desejo que devemos deixar os que estão em formação inventarem por conta própria. Tornar-se analista requer esse tipo de invenção precária, e se a formação decair para a doutrinação, seja lá como for, para uma forma determinada de fazer as coisas, esse processo se prejudica. A formação equivaleria a um silenciamento do desejo do analista em formação. Todos os problemas institucionais derivam dessa diferenciação.

A psicanálise me parece ter uma escolha: ou trata os analistas em formação como corpos inertes a serem preenchidos (por conhecimento, por identificações solicitadas, por vários tipos de atenção semimaternal, pela estrutura supostamente resgatadora de uma autoridade), confundindo esse tipo de cuidado com ajudá-los a encontrar seu caminho como analistas, ou pode buscar criar ou abrir um espaço onde espera, sem garantias, que nasça um desejo de psicanálise.

Será que perdemos nossa capacidade de estruturar a formação analítica de acordo com o que sabemos sobre o engendramento do desejo? Quando a pessoa não consegue localizar um espaço para desejar em sua formação, ele é criado por meio de uma clivagem abissal. A geração seguinte encontra uma voz, mas as questões sobre a transmissão longeva da psicanálise entre gerações são deixadas nos bastidores e o campo se fragmenta geração após geração. Estaríamos presos à criação infinita de institutos psicanalíticos? É importante ouvir em nossa teoria que nosso processo é um processo de mobilizar essa coisa que chamamos de psicanálise de maneira que converse de forma mais ampla com o significado de ser um psicanalista. Isso ajuda a enlaçar as gerações a uma estrutura de desejo herdado.

Rosine Lefort não poderia ter se permitido sentir pena das crianças com que trabalhava se precisasse se manter na estrutura do que a psicanálise pretendia abrir. Ela precisava se fiar em seu desejo. O analista deve se colocar para além da solidão, em um lugar onde a solitude possa assumir a força de um desejo para além do medo e da piedade. A solidão, e até mesmo a exclusão, é fundamental para Klein e Lacan, e para o modo como concebem a subjetividade. É claro que para ambos os pensadores, assim como para Rosine, conforme vimos, esse trabalho se vincula ao ato de simbolização. Simbolização não é para eles um assunto vago, fácil ou que se resolve em definitivo. Para Lacan, a simbolização do desejo significa enfrentar a perda mais fundamental, bem como encontrar a coragem para enfrentar as pressões sociais superegoicas que gostam de manter sob controle a simbolização e o prazer. Para Klein, significa ser capaz de colocar um pé para fora da porta da clivagem paranoide inevitável e ao mesmo tempo enfrentar a arenga das angústias depressivas. Um supereu rígido jamais perdoará impulsos destrutivos, e quanto mais rígido o supereu, maior a solidão e a necessidade de defesa da pessoa. Isso equivale, para Klein, ao imperativo de encontrar uma maneira de permitir ao gozo mitigar impulsos destrutivos mesmo que ao preço da desesperança e da decepção da desidealização.[10]

O tipo de criatividade e capacidade para o prazer que a psicanálise precisa reinventar constantemente para seguir adiante é uma ideia na qual sinto ter me amparado nos momentos mais sombrios de minha formação.

A transferência de Rosine transfere para a própria psicanálise – para os princípios internos da psicanálise em sua forma mais básica – coordenadas que poderiam servir como o início de uma vida inteira. É por esse motivo que imagino que ela consiga atuar como psicanalista nos ambientes os mais divergentes. Assim ela encerra seu caso com Nadia:

> A 20 de maio, ela dá a imagem mais poética de si mesma: pela janela, vejo-a no jardim, brincando com sua sombra e aplaudindo com alegria quando a sombra mudava de forma. A morte estava lá e ela não sabia; era a vida que ela aplaudia [...]. É a este ponto que Nadia chegou [...]. A transferência, para ela, não foi somente a atuação do inconsciente, foi também o lugar do surgimento desse inconsciente, lugar do surgimento do sujeito "Nadia" [...]. Então ela pôde desprender-se de mim [...]. Eu disse na época: "Não temos mais nada para fazermos juntas".[11]

---

10   Ver Melanie Klein, "Sobre o sentimento de solidão" [1963], in *Inveja e gratidão e outros ensaios*, trad. Belinda Mandelbaum et al. São Paulo: Ubu Editora, 2023.

11   R. Lefort, *Nascimento do outro*, op. cit., pp. 172–74.

NÃO EXISTE SATISFAÇÃO COMUM

No Freud inicial, a angústia está ligada ao fracasso do sexual. O orgasmo, diz ele, é a ejeção para o exterior das sobras ou grãos da libido, a exteriorização da pulsão no coito corpóreo. A angústia são essas sobras presas no interior, incapazes de entrar no fluxo de pensamento ou simplesmente de retornar ao corpo, presas entre onde estão e lugar nenhum. O fracasso do sexual nos causa angústia, porque nos lembra de que não existe satisfação comum; só existe esse processo singular de externalizar a libido sexual.[1]

Lacan, falando sobre tal fracasso do sexual, vale-se da fábula naturalista surreal de um camarão que precisa deglutir um grão de areia para restaurar seu equilíbrio. O grão é descartado e reposto a cada muda de carapaça; sem ser puxado pela "gravidade" desse grão de areia, o camarão ficaria constantemente desorientado nas marés. O camarão, diz Lacan, primeiro precisa trazer para o interior esse algo exterior. Mas precisa ser o grão de areia certo. Os camarões precisam encontrar o grão de areia certo a qualquer preço – cientistas já os obrigaram a engolir todo tipo de coisa que os desequilibrou, inclusive fragmentos de metal que lhes permitiram brincar com esses pobres camarões usando ímãs.[2] Estranho a evolução abrir espaço para uma coisa dessas.

Alguns psicanalistas mais antigos tentaram explicar a angústia por meio da ideia do choque do parto, a separação do corpo da mãe. Freud não se convenceu; se fosse esse o caso, então todos seriam incapacitados em virtude de terem nascido. Lacan diz para pensarmos no camarão: um exterior estranho, não tão diferente assim do oxigênio, do fôlego,

---

[1] Sigmund Freud a Wilhelm Fliess, 23 ago. 1894, in *A correspondência completa de Sigmund Freud para Wilhelm Fliess, 1887–1904*, org. J. M. Masson, trad. Vera Ribeiro. Rio de Janeiro: Imago, 1986, pp. 91–95.
[2] J. Lacan, *O seminário, Livro 10: A angústia* [1962–63], trad. Vera Ribeiro. Rio de Janeiro: Zahar, 2005, p. 301.

deve nos invadir a partir de fora. Nascer, respirar, deglutir, expelir, exalar, perder, formam a continuidade da vida como vida sexual.

O que fazemos quanto à angústia? 1) *Não existe satisfação comum*. Não deixe que isso o detenha. 2) *Pare de sentir medo de perder coisas*. Que controle você já teve, para início de conversa? 3) *Degluta areia feito um camarão e encontre seu equilíbrio*. Encontre seu grão de areia, absorva-o a partir do outro, passe-o adiante, comece de novo.

FANTASIAS DE MASTURBAÇÃO

Há um mito psicanalítico segundo o qual até você ter desenterrado, desconstruído e analisado a fantasia de masturbação de um paciente, o tratamento dele está incompleto. Na verdade, a ideia é de que essa fantasia é tão profunda que estrutura toda a vida deles – os parceiros e empregos que escolhem, como fracassam ou têm sucesso no amor e no trabalho, e, com toda a certeza, o que lhes dá prazer ou lhes tira o tesão. É quase como se essa cena masturbatória fosse um filme passando em silêncio no pano de fundo da vida, determinando o "manual" dela, enxertando-se no futuro, condensando toda uma história sexual e familiar num roteiro de trinta segundos, três linhas. O que mais explicaria a ubiquidade e especificidade da pornografia? Como, senão assim, entender as tendências à fixação e à repetição em nossas vidas românticas?

"Batem numa criança" é o artigo que Freud escreve sobre o tema das fantasias de masturbação. Publicado em 1919, agora sabemos que o texto era sobre sua filha Anna Freud, cujas fantasias masturbatórias de surras ele tentou disfarçar como se discutisse um caso. Mas só podem ter vindo dela – conforme relatado a seu pai Freud, que a analisou – porque, na época em que escreveu o artigo, ele ainda não havia começado a atender pacientes. São estas as origens incestuosas secretas, com violação de limites, da busca de Freud por fantasias de masturbação para interrogar.

Freud escreveu esse artigo para corrigir o que começava a suspeitar ser uma tendência na psicanálise de pensar tais fantasias como perversões – uma espécie de fracasso no desenvolvimento até ser possível alcançar uma espécie de normalidade sexual. Freud diz, em vez disso, que as fantasias são comuns e que constituem uma espécie de cicatriz ou secundinas, um resíduo, do que inevitavelmente fracassa em nossa tentativa de nos tornarmos seres humanos sexuais adultos. Na verdade, tais fantasias nos mostram os principais componentes de nossas vidas sexuais, como um prisma que absorve luz branca para assim nos revelar todas as gradações de cor que o compõem.[1]

A fantasia masturbatória consciente só é relatada por pacientes, diz Freud, com extrema dificuldade. Foi o caso especialmente com várias mulheres que só conseguiam relatar sua fantasia por meio da estranha frase ambígua "batem numa criança". Freud indaga se essa cena se vincula a alguma memória traumática, talvez de ter apanhado. Há também lembranças infantis de ter visto outras crianças sendo castigadas, mas não parecem especialmente importantes.[2] O mais relevante, decide Freud, é a cena como sinal de rivalidade entre filhos e a busca por amor e reconhecimento da figura parental de autoridade; ou, conforme Freud formula: *Ele bate nele, ele me ama*. O ato de bater também representa a ação de masturbação em si – bater uma.[3]

Freud diz que a camada mais inconsciente da fantasia, a qual segundo ele nunca é realmente lembrada e precisa ser construída pelo analista, é a seguinte: "Meu pai está batendo em mim". Então, na fantasia de masturbação, pelo menos como Freud a descreveu há mais de cem anos atrás, existem três camadas: 1) memória: *Meu pai está batendo em uma criança (que eu odeio – ele ama somente a mim)*; 2) fantasia inconsciente: *Meu pai está batendo em mim*; e 3) fantasia masturbatória consciente: *Batem numa criança* (que é revelado como: *Muitas crianças (em geral meninos) estão apanhando de um representante da classe dos pais, usando uma variedade de instrumentos*).[4]

É interessante notar que o analista, ao construir a segunda camada para o paciente, devolve-lhe um "eu" mais ativo, por-

---

1 S. Freud, "'Batem numa criança': contribuição ao conhecimento da gênese das perversões sexuais" [1919], in *Obras completas*, v. 14, trad. Paulo César de Souza. São Paulo: Companhia das Letras, 2010, p. 313.
2 Ibid., pp. 294-97.
3 Ibid., pp. 305-07.
4 Ibid., pp. 301-04.

que nas outras cenas a pessoa geralmente é *voyeur*, observando as coisas como plateia. Importante perceber que, na camada consciente da fantasia de masturbação, que muitas vezes acontece em uma espécie de devaneio ou filme mental, vemos que muitas mudanças são realizadas e elementos são elaborados, o que é bastante revelador. Por exemplo:

- O sexo da mulher que fantasia é trocado para o de um menino pequeno ou da "criança" ambígua, apontando para uma espécie de apagamento do feminino.
- Mais do que isso, como presença, ela não passa de um observador, de um olhar.
- O pai é representado como qualquer pessoa que simbolize autoridade ou a lei.
- O sexo – ou o que é sexualmente excitante – é transformado em dor, castigo, sadomasoquismo e as vicissitudes da culpa com frequência associadas a essas coisas.

Agora podemos interpretar essas transformações como se fossem um sonho. Vemos em muitas fantasias de masturbação a tentativa de responder três perguntas impossíveis associadas à sexualidade, que compreendem três coisas que a criança não consegue entender em sua pesquisa sexual: 1) o orifício vaginal; 2) o papel inseminador do sêmen; 3) o que é o coito.

Essas três perguntas apontam para algo que sempre estará em falta em nosso conhecimento, algo ao qual a religião, a política, a ciência e a moralidade tentam dar uma resposta. Podemos descobrir o que herdamos da cultura e que pertence aos contornos do sexo, depositado em nossas fantasias mais íntimas. Não apenas isso nos conta o que pensamos ou ouvimos dizer sobre sexo, mas de forma mais universal nos dá um raio-X de onde estamos como sociedade com relação a esses mistérios fundamentais.

Permita-me demonstrar como essas perguntas funcionam quando aplicadas à fantasia inconsciente clássica de surra de Freud.

- *A fantasia*: Estou apanhando de meu pai.
- *O orifício vaginal*: Onde estão a mãe e seu desejo? *Resposta*: Não há mulher nessa fantasia.
- *O papel inseminador do sêmen*: O que é o pai, o símbolo da autoridade e da lei, nessa fantasia? *Resposta*: O pai é um sádico nessa fantasia.
- *Coito*: O que são relações sexuais, compromisso, amor nessa fantasia? *Resposta*: O sexo e o amor são dor e castigo nessa fantasia.

Como vemos, a pessoa pode se valer dessas três perguntas – o que são o orifício vaginal, o papel inseminador do sêmen e o coito – e adaptá-las para analisar qualquer fantasia. Agora aplicarei essa matriz a uma série de fantasias de masturbação anônimas.

Fantasia n. 1

Sujeito: Mulher lésbica, 30 anos.

Ainda costumo me masturbar principalmente usando meu cérebro em vez de pornografia. A não ser que esteja usando o Magic Wand, só que nesse caso eu simplesmente gozo sem nem sequer ter a chance de pensar, de tão rápido que é. Mas, sim, quando uso minha mão, invento uns filminhos em minha cabeça. Um a que assisti algumas vezes é comigo e minha namorada fazendo sexo para uma sala cheia de mulheres mais velhas, que nos assistem. Em geral é uma sala clássica de universidade. Tipo essas da Ivy League. As mulheres que nos assistem estão totalmente vestidas. Também são meio severas. Tipo, não estão se tocando. São mais como observadoras clínicas. E estão ao redor de nós. Estamos no meio da sala. Na fantasia, o sexo entre minha namorada e eu em geral é bem básico em termos do que fazemos – uma usando a mão para mexer na outra. Mas também é bastante terno, com muitos beijos e gemidos. Então não é bem a gente trepando e as mulheres nos observando; é a gente fazendo amor.

- *A fantasia*: Estou sendo ensinada por minha mãe.
- *O orifício vaginal*: O que são as mulheres e seus desejos? (Incluindo-se aí o desejo da mãe.) *Resposta*: Não existe mulher sexual. Existem professoras senhoriais e severas ou menininhas brincando de ternura.
- *O papel inseminador do sêmen*: Quem é o pai nessa fantasia? *Resposta*: O pai é uma professora universitária mais velha com um olhar clínico.
- *Coito*: O que são as relações sexuais, o compromisso e o amor nessa fantasia? *Resposta*: Observação (e, por inferência, julgar e dar notas); não trepar, mas fazer amor, o que significa beijos, toques, gemidos. Uma demonstração de ternura para mulheres que não a podem compreender. Quem está ensinando a quem?

Fantasia n. 2

Sujeito: Homem heterossexual, 34 anos.

Nunca contei isso a ninguém antes e duvido que algum dia vá pedir a uma moça que experimente isso comigo, mas uma de minhas fantasias de masturbação mais frequentes envolve peidos. Tem alguns elementos específicos, porém. Primeiro, penso em uma garota – em geral apenas alguma menina que conheço, tipo uma amiga qualquer ou uma colega de trabalho, mas nunca a pessoa que estou namorando no momento – usando meia-calça preta com furos. Ela fica de quatro em minha frente botando a bunda lá no alto, então encontro um furo atrás de sua meia-calça e rasgo mais, até todo o seu traseiro estar ao léu. Aí me afasto um pouquinho e, basicamente, ela começa a peidar. Geralmente imagino peidos enormes, bem altos. E imagino que ela dê gargalhadas ao fazer isso, tipo, é muito divertido para ela. Além disso, os peidos não fedem. O aspecto olfativo dos peidos não está incluído nessa minha fantasia. Não acho que eu iria gostar dessa parte. Simplesmente me concentro na imagem da moça com a bunda para cima peidando. É triste, mas nunca vou explorar esse meu lado com curiosidade por peidos.

- *A fantasia*: Estou peidando para minha mãe.
- *O orifício vaginal*: O que é a vagina nessa fantasia? *Resposta*: A vagina é um ânus peidando sem cheiro nessa fantasia.
- *O papel inseminador do sêmen*: O que é a autoridade nessa fantasia? *Resposta*: A autoridade é o instrumento de expor a humilhação – mas também aquele que dá a licença para desfrutar da expulsão anal – nessa fantasia.
- *Coito*: O que são as relações sexuais, o compromisso e o amor nessa fantasia? *Resposta*: O sexo é organizado ao redor de "rasgar" ou "deixar cair": rasgar a meia-calça, peidar, partir para cima, a todo vapor, com ruído. É um usufruto quase solitário para aquele que pode dar um passo atrás e observar.

Fantasia n. 3

Sujeito: Homem heterossexual, 42 anos.

Estou feliz de isso ser anônimo porque vou te contar uma que é totalmente desconcertante para mim e que também dá uma sensação de vergonha, mas que me dá muito tesão sempre que penso nela. Começa com imaginar essa garota com quem eu costumava sair há muito tempo. Especificamente, ela no apartamento dela quando eu termino com ela. Eu estava sendo muito maldoso, e ela estava chorando. Hoje me sinto culpado por esse comportamento, e talvez seja por isso que existe um elemento de culpa na fantasia. Bom, na vida real, quando isso aconteceu, ela só estava usando uma camiseta e calcinha de algodão branco. Na fantasia, é o que ela está usando também. A parte que é pura invenção começa, para mim, com ela entrando no banheiro, e eu a acompanhando. Eu tiro sua roupa e a minha, e ligo o chuveiro. Entramos e passo muitíssimo tempo lavando o corpo dela. Vejo todos os detalhes, especialmente as bolhas de sabão em seu corpo. Passo bastante tempo lavando os peitos, a bunda e a boceta dela. E enquanto a estou lavando, ela continua a chorar. Imagino o rosto dela com lágrimas escorrendo. Só essa imagem em si já é o suficiente para me fazer gozar. Sei que é errado de minha parte, mas me dá muito tesão mesmo.

- *A fantasia*: Estou sendo lavado por minha mãe.
- *O orifício vaginal*: O que o sujeito associa com mulheres e seu desejo? (O que inclui uma pergunta sobre a mãe da pessoa.) *Resposta*: Choro, mágoa, desamparo (e, por inferência, sujeira).
- *O papel inseminador do sêmen*: O que é o pai nessa fantasia? *Resposta*: O pai é a contradição de ser tanto aquele que inflige dor como aquele que lava os pecados dos outros. Sêmen é sabão.
- *Coito*: O que são as relações sexuais, o compromisso e o amor nessa fantasia? *Resposta*: Sadismo anal como a transformação de ferimento em pureza, ou de culpa em virtude. Estar limpíssimo, viver uma vida limpa, lutar uma luta limpa.

Fantasia n. 4

Sujeito: Homem gay, 28 anos.

Esses termos me soam datados, mas acho que sou o que se chama de ativo. Também tendo a sair com caras que sejam menores e que deem mais na cara do que eu. Não gosto muito de ficar com homens mais musculosos do que eu. Nunca estive dentro do armário (tive a sorte de ter pais legais e de crescer numa cidade relativamente legal) e sempre fui assim em termos de minha preferência por parceiros. Além disso, não me masturbo mais sem o auxílio de pornografia. É simplesmente mais fácil e mais rápido. Mas, quando eu era mais novo e ainda havia um pouco de dificuldade para recorrer à pornografia, eu fantasiava. Uma das fantasias mais frequentes com que eu me masturbava era uma em que eu era muito submisso e passado de mão em mão por homens mais fortes. Basicamente, sofria um estupro coletivo. Lembro de pensar em me debater um pouco, uma resistência meio fraca, e os caras da fantasia me segurarem e não me deixarem me mexer, meio que me tratando como um pedaço de carne. Assim, eu não os imaginava falando comigo nem olhando para mim, mas mais conversando entre si e fazendo piadas sobre mim ou se incentivando um ao outro enquanto me comiam. Nunca fiz nada que pareça nem de longe com isso em minha vida e duvido que farei algum dia. Não é como se fosse algo que quero em segredo, mas a que estou resistindo. É só algo que costumava vir bastante à tona quando eu me masturbava no fim da adolescência e após os vinte anos, e a mim não parece nada característica.

- *A fantasia*: Estou sendo passado de mão em mão por meu pai.
- *O orifício vaginal*: Onde está a mulher nessa fantasia? *Resposta*: Não há uma mulher óbvia. Se ela estiver lá, está escondida na figura do passivo, que é tratado como um pedaço de carne, um objeto em estado puro.
- *O papel inseminador do sêmen*: Onde está o pai nessa fantasia? *Resposta*: O pai é uma horda de homens que se incentivam entre eles, conversam entre eles e se ajudam a segurar o outro.
- *Coito*: O que são relações sexuais, o compromisso e o amor nessa fantasia? *Resposta*: Divisão entre ativos e passivos, entre aqueles a quem é permitido falar, fazer piadas e foder mas que são uma multidão indistinguível, e aquele que é fraco, passado de mão em mão e desfrutado. Qual é pior? Ser sozinho ou fazer parte do grupo?

Fantasia n. 5

Sujeito: Mulher heterossexual, 31 anos.

Essa fantasia é como um casaco dupla face, e os dois lados me atraem da mesma maneira. Eu me excito pensando em receber – ou fazer – uma massagem "sensual". É assim: estou deitada em uma mesa, de rosto para baixo, nua. Não há nada de mais no ambiente; é uma sala de massagem padrão. Então um homem entra e começa a massagear meus ombros e costas como os massoterapeutas costumam fazer. Às vezes, ele é anônimo ou até sem rosto. Essa parte não me importa tanto. Mas a sensação é ótima. Então ele começa a trabalhar em minhas pernas, em meu pé e por fim em minha bunda e na parte interna das coxas, a cada vez chegando mais perto da vagina. Por fim, ele a alcança, a massageia e me toca com os dedos até que não consigo mais aguentar e imploro para ser comida (e é o que fazemos). Também pode ser assim: sou aquela fazendo a massagem, e o caminho e o desfecho são essencialmente os mesmos. Eu provoco e toco até chegarmos ao sexo. O fato de a expectativa e a excitação irem aumentando aos poucos até culminar no sexo é o que torna isso superexcitante para mim. A sensação dolorosa de anseio, do coração palpitando. A fantasia termina mais ou menos logo depois que começa a penetração, que não é bem o objetivo para mim. Essa fantasia foi inspirada por ter assistido à pornografia que se passa em casa de massagem; a primeira vez que assisti a uma, senti que era um raro exemplo de uma mulher experimentando sensualidade de verdade na pornografia, em vez de ser macetada feito um animal. E gosto de me colocar na posição da massagista porque me dá muito prazer dar prazer a meus parceiros. Em parte, acho que isso vem do condicionamento social – da importância de o homem ter um orgasmo. Não que eu não acredite em uma troca igualitária no sexo.

- *A fantasia*: Estou sendo massageada por meu pai.
- *O orifício vaginal*: O que são mulheres e seu desejo nessa fantasia? (O que inclui uma pergunta sobre a mãe da pessoa.) *Resposta*: As mulheres estão dando e recebendo prazer, implorando, provocando, sofrendo e ansiando – mas não sendo "macetadas feito animais".
- *O papel inseminador do sêmen*: O que é o pai nessa fantasia? *Resposta*: O pai é um massagista sensual, aguenta ser provocado e sabe esperar.
- *Coito*: O que são relações sexuais, o compromisso e o amor nessa fantasia? *Resposta*: Há uma disjunção entre coito--como-penetração e sensualidade. Eles parecem não se encaixar. Penetração significa o fim, não o começo. O mais próximo que uma pessoa chega de um pênis é o dedo ou a mão – daí a massagem. A sensualidade promete para ela uma troca mais igualitária, troca de papéis, jogo de tensões e capacidade de servir ao prazer do outro. Apesar disso tudo,

há uma negação categórica do pênis, e pode-se suspeitar de que esse seja o aspecto oculto da fantasia.

Vamos pensar no que já aprendemos. Essas fantasias parecem apontar que nós nos sentimos tão culpados em relação a nossa sexualidade quanto sempre – ninguém participa diretamente no ato, e os contornos da culpa, julgamentos, castigos e pecado estão por toda parte. A questão dos pais e da autoridade não mais parece ser a simples figura da lei patriarcal – isso se esvaneceu no éter contemporâneo –, mas em lugar da talvez esperada ausência de lei, encontramos uma lei ainda mais obscena e contraditória, que dá ordens paradoxais ou aparece sob o disfarce de uma mulher dominadora fálica ou de um grupo turbulento. Como é verdadeiro! Quanto à ação, transar não é bater, mas rasgar, lavar, ensinar, passar, segurar, massagear... Eros é um bicho de muitas cabeças. Tudo isso não lhes parece um tanto infantil? Embora a busca pela sensualidade seja infinitamente importante, o enigma do sexo, do gênero e do amor conduz a um ímpeto pela sexualidade infantil, tal que, embora exista maior simetria entre os sexos (a mãe aparece mais prontamente), há uma degradação no mínimo igual, senão maior, e mais variada. O que talvez tenha me parecido mais marcante foi a negação poderosa do falo na forma de um pênis que não pode aparecer: simplesmente não está lá, nem para os homens, nem para as mulheres; parece estar preso num processo de recalcamento, ou pior, de negação. Será por isso que o falo ou a sexualidade fálica vem reaparecendo no real – questões de masculinidade, masculinidade tóxica, reabilitação e reeducação de homens? Faria parte de novas formas de pânico sexual? Tudo isso enquanto assistimos também a um declínio radical no interesse por sexo – de 15% nos Estados Unidos nos últimos anos, sendo que a estatística mais extrema vem do Japão, onde 47% das pessoas dizem ter nojo da sexualidade. Não se pode ganhar todas: que lugar melhor para testemunhar nossas negociações faustianas do que nos interstícios de nossas fantasias de masturbação?

[4]
VIDA SEXUAL

SEXUALIDADE MASCULINA E GENITALIDADE

Lembro-me de um psicanalista explicando como as ereções são aterrorizantes e estranhas para os garotinhos, fato quase completamente recalcado, e em especial o quanto é traumático o primeiro orgasmo com ejaculação, ver a estranha substância que é emitida pelo pênis. A sensação, por um lado, é algo tão fora do controle do indivíduo, não apenas o desejo, como também sua manifestação física, ao estranho controle parcial que se consegue exercer sobre o órgão por meio da masturbação, um ato que leva ao desaparecimento literal da coisa: bater uma, exauri-la, removendo sua presença, matando-a metaforicamente.

Um dos psicanalistas mais estranhos, e um de meus favoritos, é Sándor Ferenczi, que escreveu o livro *Thalassa: ensaio sobre a teoria da genitalidade* (1933). Para o analista húngaro Ferenczi, a origem da sexualidade humana deve ser buscada no mar, onde éramos, se não transsexuais, pelo menos totalmente bissexuais. O objetivo da sexualidade marinha não é a penetração e a reprodução encerrada no interior de um corpo: é tudo externo, líquido, permeável, autossensual, e a divisão entre os sexos em papéis na reprodução é, na melhor das hipóteses, nebulosa.

A sexualidade humana, segundo Ferenczi, é o resultado das crises geológicas que permearam a evolução: por exemplo, quando as criaturas marinhas foram obrigadas a viver na terra e respirar ar, seus embriões, que exigiam um ambiente líquido, passaram a correr cada vez mais riscos, como girinos apinhados numa poça que evapora rapidamente. A evolução, diz Ferenczi, inventa a estranha solução de um pênis entrando em uma fêmea, que atuaria como a hospedeira de um parasita. Agora, o mar é dentro. Essa também é a origem do estupro, a reprodução sexuada que requer a dominação de metade da espécie.[1]

Freud também especulou sobre as grandes crises geológicas, dizendo que a primeira resposta seria obviamente angústia e pânico, ambos insustentáveis em qualquer formato prolongado. A segunda resposta, então, seria a histeria, na medida em que os seres humanos renunciariam a qualquer forma de sexualidade e reprodução quando criar filhos não parecesse favorável, tornando a libido uma ameaça e originando os primeiros sintomas psiconeuróticos. O resultado, que vemos até hoje, é que a histeria recalca a angústia. A terceira resposta seria a neurose obsessiva e a tirania, o ato de dar as costas para os perigos dos que sofrem e se voltar à estimativa dos poderes de seu próprio pensamento, compreendendo o mundo não pelo que ele é com todos os seus perigos associados, mas sim segundo seu próprio eu.[2]

Em certo sentido, as ideias de Freud e de Ferenczi se aproximam: a catástrofe e a genitalidade andam de mãos dadas, e o pânico do corpo, ou simplesmente a angústia, encontra-se na raiz das formas de dominação, poder, subjugação e tirania que estão envolvidas numa guinada narcísica ou num voltar as costas ao mundo e à realidade. A sexualidade ou é sombria (posta em suspensão, recalcada), ou é terrível (a tentativa de dominar uma catástrofe de forma catastrófica) ou ambas, sendo esta a declaração bizarra da especulação psicanalítica. É possível apreciar como é frágil a linhagem que nos traz à renovação da guerra dos sexos que era comum na época dominada por humanos do Antropoceno.

---

[1] Ver Sándor Ferenczi, *Thalassa: A Theory of Genitality*, trad. Henry Alden Bunker. London: Karnac, 1989, p. 56 [ed. bras.: *Thalassa: ensaio sobre a teoria da genitalidade*, trad. Álvaro Cabral. São Paulo: Martins Fontes, 2019].

[2] Ver Sigmund Freud, *A Phylogenetic Fantasy: Overview of the Transference Neurosis*, org. I. Grubrich-Simitis e trad. Axel Hoffer e Peter T. Hoffer. Cambridge/ London: Belknap Press, 1987.

A sexualidade masculina, na medida em que acomodou abertamente a via da tirania com mais presteza, anda sob imenso escrutínio e crítica. Porém não é a sexualidade masculina, conforme a psicanálise a cogita, que a pessoa precisa enfrentar, e sim as defesas contra ela de que a sociedade – ou o poder – se aproveita para seus próprios e injustos fins. Não acredito muito em masculinidade tóxica, mas em instituições, governos, sistemas e discursos tóxicos que se infiltram em nossa libido. A ideia de masculinidade tóxica cai no mesmo erro que cometeram os primeiros psicanalistas, muitas vezes homens, quando desejaram um pai repressor poderoso e perfeito. A teoria, assim como a sexualidade, é permeável a fantasias infantis sobre a proteção adequada dos pais, ainda mais em tempos tão voláteis quanto estes. Na melhor das hipóteses, a sexualidade masculina é tragicomicamente traumática, uma criatura estranha e alienígena que o corpo precisa abrigar e acomodar. Ao que um homem pode fazer com seu corpo, ao que ele pode distinguir nos pressentimentos de um prazer gratuito que só marginalmente se encontra ligado à procriação, é preciso dar uma forma – próxima à passagem pelo ritual, a restrição e liberação, ao jogo máximo.

Voltemo-nos ao *Thalassa*, de Ferenczi, e à questão da genitalidade. Parece que o livro se fundamenta em um ardil, o ardil da tentação ou desejo de voltar ao útero, à água, como um princípio da pulsão de morte. Ele ilustra a pulsão de retornar às origens inorgânicas, à morte ou ao Nirvana como integral à teoria da sexualidade genital. *Regressionszug* evoca em inglês o traço característico, o puxar, fender e flutuar da regressão. Nesse termo aparentemente tão simples opera uma lógica abissal, contraditória e aporética, e todos os termos nela envolvidos são tão escorregadios quanto um peixe. A lógica das equivalências confunde, tal como a lógica de *Além do princípio do prazer* (1920), em que Freud precisa por fim admitir que a ideia de uma divisão fundante entre a pulsão de morte e a de vida não passa de um tropo retórico, uma falsa distinção: não existem Eros nem Tânatos em estado puro; em vez disso, eles deslizam, assim como a própria pulsão de morte. Por que o retorno ao mar, ou até mesmo ao útero, aos limites maternos, seria uma promessa do Nirvana?

Tal deslizamento – tanto "na superfície" como "nas profundezas" – é emblemático para Ferenczi da tentativa de retornar a um estado de felicidade que se torna a morte manifestada como "catástrofe". Não demora muito para Ferenczi nos colocar às margens, impor uma evolução forçada, uma batalha reprodutiva, uma era do gelo e uma Terra na seca:

> A posse de um órgão copulador, o desenvolvimento no interior do ventre materno e a evitação do enorme perigo de ressecamento – esses três termos, assim, formam uma unidade biológica indestrutível que deve constituir a base última de uma identidade simbólica do útero com o mar e a terra por um lado, e do membro masculino com a criança e o peixe do outro.[3]

Nenhum psicanalista que leia esse texto consegue esquecer a analogia da introjeção do mar no interior como fluido amniótico e o sêmen/bebê como um peixe tentando voltar para casa. Para Ferenczi, isso condensa toda uma história de catástrofes filogenéticas: a história da terra em crise que se encontra presente não apenas em toda tentativa de regressão, mas também em toda tentativa de coito, que ele transforma em tônica da unificação progressiva das pulsões na genitalidade, embora seja menos uma felicidade do que um ato de violência dominado pela angústia – outro buraco, ou poço d'água forçado que marca uma força cada vez maior de separação.

Esqueça a respiração. Esqueça o influxo de ar, o fim da bissexualidade na reprodução sexuada. Esqueça que a origem do coito é o estupro. Esqueça a criação de membros para conter o corpo do outro embaixo de você.

---

3   S. Ferenczi, *Thalassa*, op. cit., p. 50.

Voltemos para casa, para o mar, onde somos tanto homens quanto mulheres, onde simplesmente liberamos nossos produtos corporais no fluido a nosso redor, nos envolvemos em nós mesmos e em um meio ambiente que é nutritivo, úmido, uno. Esqueçamos que essa unidade se restringe apenas ao ato de fertilização, que acontece essencialmente sem jamais estarmos presentes; não há nem pais, nem criança presente.

Ferenczi sonhou com esse livro, talvez até o tenha alucinado, enquanto trabalhava em um hospital militar, repleto de pacientes traumatizados pela guerra, mas também de corpos que haviam perdido membros. Ele escreve sobre funcionamento genital:

> Segundo a concepção aqui apresentada, a função procriadora, portanto, concentra toda uma série de elementos de prazer em um único ato: o prazer de liberação de estímulos de origem instintiva, o prazer de retornar ao útero, o prazer do parto realizado com êxito; e a angústia, por outro lado, que foi experimentada no decorrer do parto e que a pessoa necessariamente sentiria em conexão com o (fantasiado) retorno ao útero. Como o retorno de verdade está limitado ao genital e sua secreção, enquanto o restante do corpo pode se manter sem danos (e toma parte na regressão "alucinatoriamente"), todo elemento da angústia é eliminado com êxito no orgasmo como o ato procriativo que termina com uma sensação de total satisfação.[4]

Satisfação total? Como o retorno ao útero pode ser, ao mesmo tempo, um alegre prazer e uma severa angústia que nos remetem a todo trauma, pessoal e geológico, que então deve ser extinto ou "conduzido para fora" pelo orgasmo? Ferenczi também chama esse processo de uma identificação completa com: os genitais; os produtos dos genitais; o bebê desejado (ainda que ele seja também um parasita); os peixes que fomos um dia. A identificação produz a unificação e organização

---
4 Ibid., p. 43.

da pulsão sexual, unindo a anarquia da sexualidade infantil, sem genitais maduros. Aqui o livro chega a seu ponto mais fantástico e se desfaz quase que completamente. Ainda assim, esta é a verdade: não existe união, exceto por uma identificação fantasiosa; a unidade de identificação como processo libidinal em si – e isso é o que vem sendo chamado, há muito, muito tempo, de o "falo". Essa é a única teoria de genitalidade que podemos ter como analistas, a qual Freud indicou em seu ensaio sobre "A dissolução do complexo de Édipo" (1924) e que surge constantemente em suas cartas a Ferenczi sobre Otto Rank, a respeito do que Freud achava que havia de errado sobre a teoria do trauma do nascimento. O problema é sempre um problema com o falo; e, no que concerne à genitalidade, Freud advoga não pelo recalque ou pela adoção triunfante do falo, mas por sua total destruição ou "dissolução" (*Untergang*, que significa "declínio, destruição, fim, ruína"). Talvez possamos acrescentar à destruição a noção de Ferenczi de catástrofe genital.

Com essa fantasia fálica, estaríamos apontando para o que Ferenczi tenta desfazer, vezes sem conta, quando tenta encontrar uma essência mais feminina em sua teoria, com e contra seu amor por Freud? Freud sentia que Ferenczi era feminino e carente demais, quase um choramingas, obcecado em ter um filho em vez de trabalhar. Ferenczi era obcecado em ter um filho, preso num drama sexual complexo entre uma paciente mãe e uma paciente filha, dormindo com ambas – situação que desesperava Freud. Uma era cobiçada por sua fertilidade, paixão sexual e juventude, e a outra por sua ousadia intelectual, embora ele tivesse um relacionamento menos apaixonado com ela e ela fosse incapaz de lhe dar um filho. Como as mulheres parecem ser peões no drama dele, podemos especular que a situação entre elas e Ferenczi não trata realmente das mulheres em si, nem de um bebê, nem mesmo da clivagem entre amor e desejo (apesar de sua presença considerável como tema), mas de escrever para Freud. Ferenczi parece precisar encontrar sua voz ou seu nome, com e contra esse homem que ele ama e que também é seu psicanalista.

Dado que Ferenczi quer considerar a evolução da espécie humana, pode-se estranhar que o desenvolvimento – ou melhor, o "advento" – da linguagem não esteja incluído de forma explícita em lugar nenhum, o que para Lacan é uma experiência catastrófica, uma separação e alienação violentas, ainda que estruturantes. Por esse motivo é que Lacan liga o falo à linguagem.

Não é de se admirar que, no momento em que Ferenczi está trabalhando nesse livro, ele se debata com a questão da escrita. Ele está preocupado em encontrar uma maneira de não escrever cartas a Freud, ou de tornar seu trabalho a maneira de conversar com ele. Assim escreve a Freud em 13 de maio de 1914:

> Partindo do problema de enurese [urinação involuntária], tive algumas ideias sobre a "anfimixia dos instintos parciais" na instalação do primado da zona genital. Resolvi, dessa vez, não fragmentar a coisa com narrativas epistolares e orais, mas escrever e – sem me preocupar que vá eventualmente ficar ridículo – enviar os escritos como livres associações sobre o tema.[5]

A tarefa lhe tomaria mais nove anos. Nesse meio tempo, ele quer e não quer ter um filho; quer escrever um livro e não consegue: o que é isso senão um problema de identificação?

A "linguagem" não é tratada, porém é constantemente usada por Ferenczi, que era um escritor prolífico e inventivo de termos e conceitos. Imagine aqui um "quarto insulto narcísico" que, depois dos de Galileu, Darwin e Freud, Ferenczi teria infligido à humanidade ao apontar que "inteligência" não é uma propriedade ou capacidade inerente, mas deve ser buscada e encontrada "no cosmos". Essa inteligência

---

[5] S. Ferenczi a S. Freud, 13 mai. 1914, in *The Correspondence of Sigmund Freud and Sándor Ferenczi, Volume 1: 1908–1914*, org. E. Brabant, E. Falzeder & P. Giampieri-Deutsch, trad. Peter T. Hoffer. Cambridge: Cambridge University Press, 1993, pp. 553–34.

é a linguagem, que também é a mais externa. De fato, sua natureza muito intrínseca lhe é atribuída por aquilo que lhe é externo. Trata-se de uma característica que a "anfimixia" concretiza nos genitais. Eles não são nada em e por si; até a procriação não é nada em si: só servem ao propósito do retorno que nunca efetivam, a mistura dos fluidos, a mistura do DNA, a mistura de funções, sem unidade nem *telos*.

Além disso, o termo "anfimixia", que Ferenczi alega ser um neologismo ou uma terminologia cunhada por ele próprio, e que está no título do primeiro capítulo de *Thalassa* ("Anfimixia de erotismos no ato ejaculatório"), nos faz pensar na "*Sprachverwirrung*" ("Confusão de línguas"), o título de seu famoso e tardio – e bastante controverso – ensaio. Tanto a anfimixia quanto a *Sprachverwirrung* são traumáticos para o pensamento: sugerem confusões fundamentais dentro da linguagem e dentro da construção de corpos e realidade. Os conceitos em si (ou seja, "linguagem", "realidade") permanecem profundamente alterados, traumatizados, apartados de si próprios e, talvez, impossíveis de apreender. Tanto a anfimixia quanto a *Sprachverwirrung* tornam impossíveis a linguagem e a realidade, convocando o real no sentido de Lacan. Ferenczi talvez estivesse intuindo essa dimensão mais do que pensando a respeito dela. De qualquer forma, ele parece se esquivar de expor ou de dizer de modo explícito o que vem com essas duas – assim como outras – noções traumáticas em seu próprio discurso e pensamento.

A propósito, refletindo sobre sua teoria de genitalidade uma década depois em seus diários clínicos, Ferenczi se diferencia radicalmente de Freud. Ele escreve:

> Observa-se em Freud a leviandade com a qual ele abandona os interesses das mulheres em prol dos pacientes homens. Isso corresponde à orientação unilateral, andrófila, de sua teoria da sexualidade. Sobre esse ponto, ele foi seguido por quase todos os seus discípulos, talvez eu próprio. Minha teoria da genitalidade possui, talvez, muitos aspectos bons, mas no que se refere

a sua apresentação e a sua reconstrução histórica, está baseada nas palavras do mestre; uma reedição implicaria uma reescrita.[6]

Ferenczi então passaria a se perguntar se um elemento mais feminino da pulsão de morte teria sido negligenciado por Freud; um elemento que, a partir de uma "orientação pulsional heterossexual" e um "conhecimento da vagina" de primeira hora, incluiria autossacrifício, fragmentação e altruísmo, até mesmo gentileza, em contraste com o egoísmo e a asserção de si próprio.[7] Isso encontra vazão na obra de Ferenczi sobre trauma e fragmentação traumática mais ou menos na mesma época, quando Freud lhe escreve uma carta elogiando seu trabalho, dizendo ser "engenhoso" e no mesmo nível de sua grande obra *Thalassa*. Ferenczi responde com frieza que a teoria é um adendo prático ao livro *Thalassa* e que, embora tenha apreciado ser chamado de "engenhoso", teria preferido ser chamado de "correto".[8]

---

6   S. Ferenczi, *Diário clínico*, trad. Álvaro Cabral. São Paulo: Martins Fontes, 1990, p. 234.
7   Ibid., p. 235.
8   S. Freud a S. Ferenczi, 16 set. 1930, e S. Ferenczi a S. Freud, 21 set. 1930, in *The Correspondence of Sigmund Freud and Sándor Ferenczi, Volume 3: 1919–1933*, org. E. Brabant, E. Falzeder & P. Giampieri-Deutsch. Cambridge: Cambridge University Press, 1993, pp. 399–401.

UM RAPAZ E SUA MÃE

O gozo [*jouissance*] é um termo psicanalítico que cada vez mais tem caído na obscuridade. Denota certas formas de gozo viciador e imediato, gozo que é mais prazer do que dor, gozo infundido de agressividade e, em geral, um gozo que é desatado, sem limites, que busca a transgressão de limites e fronteiras. Com frequência é pareado com a ideia de desejo, que é pensado como uma espécie de defesa contra o gozo, na medida em que o desejo nasce da falta e ocorre por meio de configurações interpessoais e sintomáticas complexas que fazem parte de um processo de significação. Na verdade, isso é algo que podemos dizer sobre o desejo, que ele é articulado, que se reclama dele, que dele se fala, enquanto o gozo permanece mudo e resiste à significação.

Como a psicanálise trata o problema do gozo? Bem, uma resposta óbvia é obrigando-o aos limites estreitos do desejo e da significação. Mas, pode-se muito bem perguntar, como a pessoa faz isso? Vou arriscar uma resposta estranha. Uma das formas como sabemos que estamos no caminho certo é quando a análise se torna um tanto bem-humorada, tanto para a paciente quanto para a analista. O humor pode muito bem ser um tratamento do gozo que com frequência não é nem um pouco engraçado e na verdade é até trágico. Se por um lado Freud certa vez pensou o humor como infundido de gozo – com tensão agressiva e sexual –, mais tarde ele considerou que o humor era subversivo e tem poder para questionar o supereu que alimenta o gozo.[1]

Quando penso nesses momentos humorísticos entre paciente e analista, uma série de sessões que tive com um

---

[1] Ver Sigmund Freud, "O chiste e sua relação com o inconsciente" [1905], in *Obras completas*, v. 7, trad. Fernando Costa Mattos e Paulo César de Souza. São Paulo: Companhia das Letras, 2017; id., "O humor" [1927], in *Obras completas*, v. 17, trad. Paulo César de Souza. São Paulo: Companhia das Letras, 2014.

rapaz jovem, de dezessete anos, me vem à mente. Havia muito riso nessas sessões e depois, ao refletir sobre elas. Sorrio quando penso nesse trabalho. Mas, tal como a estranha insularidade de uma sessão analítica, fico me indagando se esse humor é de alguma forma comunicável. Quem acha a análise dos outros engraçada, mesmo que apenas um pouco? E a seriedade da psicanalista, o tempo e investimento, não impedem demais o humor? O mais interessante nessa amostra de trabalho analítico é que aqui o humor se encontra com a violência. O humor se localiza à beira de um encontro com o sadismo de cada um, o sadismo age como base para a ação cômica. A série de sessões progride até uma espécie de momento crítico, em que o humor de uma posição defensiva, mais conservadora, ruma para algo mais radical.

O que veremos é que um elemento crucial na distinção entre uma e outra forma de humor constitui um encontro com o gozo e sua transformação no desejo de um sujeito. O sujeito, podemos dizer, localiza uma nova posição por meio desse encontro, e essa nova posição aparece e anuncia-se na forma de uma risada. Acompanhando essa lógica, podemos dizer que gozo sem desejo é tudo, menos engraçado, e que o desejo sozinho não é engraçado o suficiente, tendendo mais para o trágico. Tomados juntos, o desejo ligado à intensidade que o gozo lhe empresta por meio do registro da pulsão (a repetição, o real do corpo e o cerne traumático para além da simbolização), temos o cenário para um possível *know-how* bem-humorado da comédia sintomática cotidiana de uma pessoa.

Um rapaz entra no consultório de uma analista.

Três anos depois, ela o obriga a escrever seus sonhos espontaneamente em uma sessão em que ele brincou de contar e não contar, lembrar-se e não se lembrar o que sonhou no fim de semana. Ele teve o seguinte sonho:

> Estou num consultório médico antigo, sabe, tipo aqueles que a gente vê nas ilustrações que usam para ensinar, desses redon-

dos, com arquibancadas para as pessoas assistirem. Sabe do que estou falando. Né? Bem, estou lá, e não consigo ver quem está assistindo; são rostos anônimos borrados, e estou em uma mesa de operações, e você está lá... e você está me trinchando que nem um peru. Simplesmente tirando pedaços enormes de mim e colocando-os num balde, atirando-os lá dentro, pedaço após pedaço... Você estava mandando ver! E todo mundo assistindo. Sua sádica! Como se não fosse nada, só cortando partes fora... e eu não queria que você soubesse o quanto está doendo.

Depois de muito discutir o sonho – um sonho que ele interpretou sozinho com relativa facilidade –, perguntei-lhe se eu estava mandando ver porque não sabia que o estava machucando. Ele havia dito que escondia isso muito bem. Ele respondeu que não sabia, mas em seguida me perguntou diretamente: "Agora que você sabe, vai agir diferente?". Olhei para ele com ar pilhérico. "Provavelmente não", disse ele, "porque você é malvada pacas... Essa expressão em sua cara."

"Mas isso foi muito divertido, mais do que pensei", acrescentou ele.

O sonho teve um impacto profundo sobre mim. Em primeiro lugar, foi engraçado enquanto ele me contava, brincando de me acusar de ser sádica. A violência e o humor se misturaram com rapidez intensa, um ataque sardônico que se estendia em ambas as direções. Além disso, e de forma mais tocante, esse rapaz mais ou menos reimaginou a cena primitiva da psicanálise: Charcot com as histéricas no Salpêtrière, acrescentando o elemento de corte tão importante para Lacan. O analista provavelmente sempre foi uma figura que exige uma libra de carne; aquele cujo desejo é imaginado como um desejo por algo brutal. Seu apelo para que eu não faça nada de diferente diante de sua dor é com certeza um desejo que ele mantém para si mesmo, o desejo de ser capaz de sustentar seu desejo.

O gozo tem a força de uma violência transgressora no sonho, que serviu como uma conexão inicial a uma pergunta sobre gozo que ele começou a fazer na análise. Com certeza também é uma reação ao fato de eu ter exibido meu desejo como analista, obrigando-o a me trazer sonhos. A esquisitice da relação analítica é condensada na imagem do peru sendo trinchado no anfiteatro, traduzindo o ato intraduzível de conversar sobre sonhos e sobre gozo. Será um subtexto de comédia o que permite a esse sonho não ser simplesmente um pesadelo? Seria esse humor um problema? Um véu diante do real? Ou abriria a possibilidade de algo mais, talvez algo próximo à sublimação?

Ele teve outro sonho: "Eu roubo um carro, puxando a pessoa para fora do banco do motorista, entro, dirijo sem o menor cuidado, bato, saio e faço de novo. Roubo outro carro, puxo o motorista para fora, dou uma volta no quarteirão, bato, faço de novo... E aí, adivinha o quê?" Ele olha para mim. "O quê?", respondo. Ele faz uma pausa com um bom *timing*. "... Bom... eu roubo outro carro, puxo o motorista para o chão, entro, dou uma volta no quarteirão, bato, roubo outro carro, puxo o motorista para o chão, entro, dou uma volta no quarteirão com ele, bato e faço outra vez. E de novo, e de novo." Havia uma piada no sonho a respeito da repetição, sendo a repetição em si um pivô entre o humor e seu outro lado, a tragédia bruta. Ele permite que esse outro lado e seu medo se infiltrem: "Parecia que ia continuar assim para sempre, que não ia parar nunca".

Em uma conferência em Lovaina em 1969, Lacan contou um sonho de uma paciente sua, que se tornou famoso. Ela sonhara com uma infinidade de vidas pulando dela mesma sem parar, um sonho pascaliano de ser engolfada por uma infinidade da qual ela despertou quase louca. Quando o público foi às gargalhadas, ele lhes garantiu que, por mais que pudesse parecer engraçado, não fora nem um pouco engraçado para ela. A repetição é a loucura encarnada e, de fato, esse sonho de roubo de carros é louco. A "violência sem fim, sem objetivo, caótica", conforme ele a descreveu, era uma metáfora para seu vínculo com a mãe – um jogo masturbatório enlouquecedor em que os dois batiam uma juntos e nenhum conseguia encerrar. "Termina quando eu a puxo para baixo junto comigo", disse ele em um estado de alegria. "Estou numa luta até a morte. Já tenho tudo mapeado." E tinha mesmo, é verdade. Ele passara o ano anterior me contando as regras do jogo.

O gozo nesse sonho era ainda mais palpável do que no primeiro. Estava ali, tanto na linguagem sexual – "eu a puxo para baixo comigo" –, quanto no próprio ritmo do sonho, puxar uma pessoa para fora vezes sem conta. "E você me poupa dessa tortura?", perguntei-lhe em certo momento. "Não acho que eu consiga ganhar de você", gracejou ele. Isso não era de todo verdade, já que se desenrolava uma espécie de jogo de retenção: uma estratégia obsessiva na qual entrei obrigada, ao obrigá-lo a me contar seus sonhos. Não é uma tática que em geral eu utilize, mas algo me inspirou a tentar romper uma espécie de repetição mortal. Cada um vive por meio de jogos de gozo, jogos esses que meu paciente conseguiu forçar (com dificuldade) a entrar na arena intersubjetiva. Fiz-lhe o obséquio de, em troca, forçar parte disso a entrar na arena, ou talvez melhor, no anfiteatro, de sua psicanálise.

A satisfação dele, de minha perspectiva, nunca foi de todo insular, embora pudesse assim se tornar durante depressões episódicas severas de um período anterior e em determinados períodos da análise. Três anos depois de começar o tratamento, ele conseguia exalar um novo charme em certos contextos de vida, em especial quando "jogava" com seus amigos, com autoridade e com garotas. O jogo é algo que ele adora renovar constantemente, com força demoníaca cada vez maior, um aumento das apostas com que ele se delicia. No sonho, ele atribui essa força demoníaca a mim, a analista, alguém que ele enxerga como pedindo-lhe para jogar em todas as sessões. Toda sessão parece uma renovação de autoridade. *Do que você vai falar hoje? Até onde vamos levar isso?* É como eu descreveria a exigência particular da pergunta que emerge na análise dele: *De que modo podemos brincar com um prazer ilusório, que sempre beira o sadismo, de forma que não fiquemos simplesmente presos numa repetição sem sentido?*

Depois do sonho do roubo de carro, eu o fiz ver que ele desejava ter o próprio carro, que pela primeira vez ele estaria no assento do motorista caso tivesse um, e que a maioria das brigas com a mãe, que eu me lembrasse, ocorria com ele no assento do carona, especialmente quando ela o trazia de carro para as consultas comigo. "Roubar o carro dessa vaca, arrancá-la da direção", disse ele, deliciado. Então ele me contou que o carro que havia escolhido acabou sendo igual ao que o pai tinha quando ele era pequeno, um Datsun. Ele não se lembrava disso. Sua mãe que lhe contou. Não duvido que o *"Da"* [pai] unido ao *"son"* [filho] no nome do carro seja coincidência (mas o caso é que nunca duvidaria). E, de qualquer modo, o nome-do-pai circula constantemente nessa história; está por perto até mesmo na forma da autoridade daquele que trincha o peru no feriado de Ação de Graças. Nós nos sentimos agradecidos por existir um terceiro.

O impulso por trás de uma repetição é sempre essa iteração de uma história edipiana – hilaridade violenta, incestuosamente sexual? Será que o gozo masturbatório sempre dá as caras em uma piada, no jogo da frase clímax da piada? Qual transformação torna a repetição algo humorístico e não apenas trágico? A pura repetição sintomática nos tratamentos, como muitos sabem, dá a sensação de ser letal, e é um alento quando o trabalho de análise transforma essa repetição em outra coisa. Porém essa outra coisa, pelo menos conforme eu a penso no caso desse paciente, continua sendo repetição.

Isso traz à mente a distinção inicial de Lacan entre a repetição de uma necessidade e a necessidade de repetição. A primeira ele pontua como um colapso do desejo na forma de necessidade e frustração intermináveis, que atiram a pessoa na economia imobilizada do imaginário. A segunda – a necessidade de repetição – se localiza mais no limite entre o simbólico e o real, o lugar onde a linguagem se impõe na vida desejante de alguém, obrigando-nos à busca interminável pelo que já se perdeu. A pulsão se estrutura através da repetição, porém a repetição sempre traz consigo alguma diferença. Se buscarmos reiteradamente pelo mesmo objeto perdido, circundando esse buraco, podemos ainda assim achar nós mesmos em algum lugar novo e inesperado. A pulsão precisa da força da repetição – transgressora, à beira da violência, muitas vezes desafiando a realidade –, com a qual esculpe uma trajetória no mundo. Porém não se trata do objetivo final, que em todo caso é uma espécie de eterno retorno – se não o encontro com uma causa para renovação, então com o caminho trilhado.[2] Não seriam, eu diria, as querelas no carro que aconteceram de novo e de novo, mas a exclamação desabrida: "Roubar o carro dessa vaca!". Isso me recorda a ordem de Lacan, retirada do livro de Apocalipse 10:9, para "comer o livro". Essa ordem não é muito diferente da injunção ética de Lacan: *Você viveu em conformidade com o desejo que existe em você?*

Tendo vinculado o desejo ao objeto perdido, o objeto comido que agora pode ser trazido à baila, há uma espécie de fé colocada no desejo, no buraco de onde ele sempre escapa. E esse é o trabalho da repetição, do infinito roubo de carro, mas cujo porquê é esse horizonte, reconhecido, de gozo. O gozo contém história, uma história que é revivida, repetida. Um dos principais sintomas de meu paciente era a cleptomania. O carro que ele não sabe que rouba, dirige e bate infinitamente é o de seu pai. Longe de isso ser a renúncia a um desejo, a análise suscita o cumprimento demoníaco deste.

Ele me conta outro sonho: "Estou na casa de meu avô e me dizem que preciso esconder uma arma de minha mãe. Não sei por que ou com o que eles estão preocupados. Minha mãe chega, me pega e me diz que preciso ir com ela. Estamos no carro dela. Lembro de passarmos por um aeroporto, não sei como explicar isso, mas ele estava sobre palafitas, ou num segundo pavimento. Ela dobra uma esquina e diz: "Vou levar uma bombeada!". Ela me leva a um lugar chamado terra-mãe, onde tiram as coisas de mãe dela".

---

2 Ver Jacques Lacan, *O seminário, Livro 11: Os quatro conceitos fundamentais da psicanálise* [1964], trad. M. D. Magno. Rio de Janeiro: Zahar, 1985.

"Coisas de mãe?", pergunto.

"É, sabe", diz ele, sem jeito. "Tipo, bebês e leite."

"Ah, tipo bomba tira-leite", digo.

"Sim, eu já tinha entendido a essa altura." Ambos começamos a rir enquanto a expressão facial dele parece incorporar o deslizamento entre os dois sentidos de "levar uma bombeada". Ele continua: "Então lá estávamos na terra-mãe. Não gostei de lá. Não gostei nem um pouco. Quero ir embora. Saio e vejo um monte de zumbis comendo pessoas. A boca deles está vermelha nas bordas, como as de crianças comendo pirulito sabor cereja".

"Só que é sangue, certo?", pergunto.

"Só que é sangue... obrigado. E as pessoas estão simplesmente desaparecendo, uma a uma. Corro pela rua e paro. Olho para o outro lado da rua e te vejo dentro de uma loja de *donuts*. Toda iluminada, amarela, e lá está você, feliz feito um pinto no lixo, só vendendo *donuts*, de chapéu e avental, toda uniformizada, só sorrisos, só *donuts*. Exatamente como você sempre é dentro deste consultório."

"Onde eu vendo *donuts*?", pergunto.

"Isso, você e suas drogas de *donuts*", diz ele. "Então fico pensando se devo entrar lá, em sua loja de *donuts*. Não parece um lugar convidativo para se ficar. Olho para a rua e vejo uma menina, sabe, aquela de que te contei" – um interesse amoroso – "e ela está entrando em uma igreja e não consigo distinguir se é outro daqueles lugares, covil do vampiro, terra-mãe, onde te dão bombeadas. O lugar das bombeadas maternas. Ou se é um lugar seguro. Então olho para a rua e os zumbis aparecem e fazemos contato visual, o que é péssimo, você sabe que vai dar ruim quando seus olhos cruzam com os de um zumbi."

"E aí, o que acontece?", pergunto com expectativa.

"Então eu desapareço. Não consigo entender para que lado eu vou." Ele faz uma pausa. "Estou de saco cheio de seus *donuts*, de minha mãe, não sei dessa menina, de todos esses zumbis de merda. Estou de saco cheio de tudo."

Não é motivo para todos soltarmos um suspiro de alívio? Pelo menos os *donuts* da analista têm um buraco. Se o leite, os bebês e as coisas de mãe não são tão diferentes assim de *donuts*, que também têm algo de maternal, algo sobre o qual ficar de saco cheio ou encher o saco, a diferença está na estrutura! Temos "donut" por um lado, e "bombeada" do outro. Será a oralidade impressionante do sonho que traz consigo esse buraco? Será que a mãe, ao perder seu falo (arma), conduz até o desenrolar da cena da bombeada? Bombear com certeza pareceu ser o centro descentralizado do sonho: uma palavra que denota agressividade (bombardear), excitação (vai bombar!), estar exaurido ou vampirizado de forma parasita (esvaziado por bombeamento), sexualidade (dar bombadas) e, por fim, esperamos que, de forma mais analítica, a drenagem do gozo, a criação de um espaço de falta que começamos a enxergar nas iterações do trabalho com os sonhos seguintes. Poder-se-ia dizer que nós, analistas, não apenas fazemos *donuts*, *dough off of nutters* ["massa feita de loucos"], vendendo um não ou um nada: além disso, somos também bombeadores de mãe. Felizes feito pinto no lixo, a bomba que esvazia a fossa, ou o cafetão das bombadas todas. Eu poderia prosseguir nessa toada.

Uma semana depois, ele fugiu de casa. Reencenou o final do sonho literalmente desaparecendo. Longe de ser um momento de afânise de seu desejo, o qual teria podido escapar-lhe entre os dedos e desaparecer, no ato da fuga ele colocou seu desejo em primeiro plano. Decerto foi um ato impulsivo, e ele compareceu a meu consultório/loja de *donuts*, de mala e cuia, com seu travesseiro favorito que nunca havia saído de sua cama e todos os outros pertences de que poderia necessitar, como seus DVDs favoritos, visivelmente pesando-lhe no ombro. Mas ele compareceu como sempre, note-se, a sua consulta marcada.

Essa separação teve duas consequências bastante interessantes. Primeiro, sua mãe decidiu, depois da fuga, arrumar um lugar para ele morar separado dela até terminar o ensino médio – por fim ela reconhecia que as brigas entre eles eram excessivas e, embora ambos tentassem parar de brigar, nenhum dos dois conseguiria. Em segundo – e isso em parte explica o aeroporto do sonho –, meu paciente nunca estivera longe da mãe de fato, nem para um acampamento, nem em nenhuma outra ocasião do tipo. Ele fora visitar um amigo em Buffalo para ver como era a vida universitária uns dois meses antes da sequência que acabo de lhes contar. Foi sua primeira viagem (algo de que eu não sabia ou a que não dei o devido valor) e sua mãe o levara ao aeroporto, exatamente como no sonho. Ele acabou ficando preso em Buffalo por uma semana a mais do que o planejado, por causa do furacão Sandy.

Ele me contou que a viagem o deixara muito infeliz. Não conhecia ninguém, não sabia aonde ir, não sabia o que fazer, não tinha roupas limpas, dormia em lugares aleatórios, os banheiros do dormitório eram sujos, e ele sentiu-se mal e morto de medo de ir para a faculdade. Sua esperança, ao fazer essa viagem, era que ela lhe desse um respiro daquele ano de fracassos escolares e brigas sem fim com a mãe. Sua expectativa era se sentir livre. Mas não foi o que aconteceu. Isso ele não me contara. Ele simplesmente voltou se sentindo apático e fracassado.

"O que não te pareceu livre?", perguntei.

"Bem", respondeu ele. "Fiquei preocupado com o que minha mãe ia fazer se eu não estivesse por lá. Acho que sempre me preocupei com isso."

"Em que contexto?", perguntei.

Ele deu detalhes da história de um relacionamento abusivo dela (ela era a instigadora) com um homem com quem ele morou desde muito novo. Eu sabia da história, mas não a escutei como escutei desta vez. "Era mais esse o problema, essa preocupação, do que simplesmente odiar Buffalo, que ainda assim é um buraco, não me entenda mal, mas acho que eu estava preocupado com isso, com isso e com a porcaria da tempestade, furacão, sei lá. Ah, sim, ela precisou bombear a água do porão, que ficou alagado, nem precisa dizer mais nada sobre isso..." Ele prosseguiu: "E a coisa de fugir era que eu não fiz nada que normalmente não faça em casa, mas daquela vez, pelo menos, eu não estava fazendo ou deixando de fazer por causa dela. Por algum motivo, eu não dava a mínima para o que ela iria fazer; acho que provavelmente ela vai ser mais feliz, e acho que eu costumava pensar que se ela ficasse infeliz sem mim ou feliz sem mim, que de alguma maneira eu havia perdido e ela ganhado, sabe, a briga que tenho com ela faz séculos... Simplesmente não me senti assim desta vez, quando fugi".

A análise, é claro, prossegue, e as vicissitudes de trinchar perus, roubar carros, canibalismo com pirulitos, roubar, bombear, desaparecer, covis de vampiros e os *donuts* da analista não são esquecidas. Na semana passada, os *donuts* estavam em uma esteira e ele mijava neles. Falamos bastante tempo sobre o gozo uretral ativo em oposição à brutalidade passiva das ereções.

O que mudou, de minha perspectiva, é que nesse tratamento a repetição tem um caráter marcadamente diferente. Ela sempre vem com um pouco de humor, com um toque mais leve. Perdeu certa fixidez que a pulsão de morte pode lhe conferir, desdobrada nas sessões com o sonho do roubo de carros, o ponto alto de sua aparição. O humor, no final, não é uma negação da morte ou da perda, nem mesmo da seriedade da raiva (embora sexual) que ele sente da mãe: o humor as contém em um jogo um boçado apaixonado e cômico. Como acontece em boa parte do que lida com o humor, o corpo está presente, em suas variações orais, anais e genitais: o corpo, em toda a sua glória e decadência tragicômica.

Para meu paciente, sua renúncia sintomática ao desejo e seu colapso em um deleite depressivo no gozo transforma-se, nessas sessões, em uma espécie de *know-how* da pulsão, cuja assinatura ou marca é a graça humorística do ímpeto sádico: trinchar, roubar carros, bater; até mesmo bombear e mijar. Se há um objeto da pulsão, ele é, no final, o nada que a analista oferece, o discurso, claro, de certo ângulo, mas também o corpo da mãe recebido e perdido. É diferente do objeto do gozo. O imediatismo do contato, da excitação e da agressividade do gozo eclipsam o desejo. É como se o tratamento transferisse esse desfrute impossível ao conteúdo do trabalho e depois permitisse que esse desfrute se desfizesse, assumisse uma nova forma. Em certo sentido, meu paciente abriu mão dele para poder se separar da mãe, movimento que acho ter sido representado pelo ficar "de saco cheio de tudo", mas também por me perceber como a mulher da loja de *donuts* – um lugar para ir, talvez até um lugar para onde fugir, mas não um lugar para se ficar.

SONHO

Você já ouviu aquela piada: *Why is six afraid of seven? – Because seven ate nine.*[1] Lembrei dela ao pensar que deveria escrever essa carta a você em dezembro a respeito de novembro, especialmente considerando que tenho medo de contar de trás para a frente, ainda mais próximo ao fim do ano. O sete já "oitou" o nove, e cartas são difíceis porque convidam a um encontro; já estou inquieta à beira do precipício do novo ano. Que recomece a contagem regressiva no vinte e dobre-se a aposta. Então, hoje acordei incapaz de abrir os olhos, como se estivessem içados a meio-mastro, como se eu tivesse nascido para olhar para o chão. Passei boa parte da tarde em um pesadelo da mais cruel violência, olhando para a ponta de meu próprio nariz, para a ponta da bota de um homem, pouco antes de ela começar a me chutar (claramente eu estava trabalhando com a proximidade da letra b e do numeral 6). Naquele momento breve antes do rompante de violência, a quietude pareceu um momento de oração e não o medo de alguma coisa, o medo do que o sete fizera neste ano ou no próximo, apenas calmamente sentada no seis, rezando cheia de expectativa, sem ver grande coisa e sem saber nada do que estava por acontecer (o 6 parece estar ajoelhado, não?). Dizem que o seis é o número grávido por causa de sua aparência, ainda que muitos associem isso ao nove – depende de seu estilo, morfológico ou epistemológico, ou até mesmo mitológico. Fui chutada cerca de nove vezes no estômago e me encolho em posição fetal, a mãe perdendo a criança ou o feto dentro da mãe que, também ela, está prestes a perder a si mesma, assim como o seis e o nove podem se enrodilhar juntos (percebe – sessenta e nove?), tudo isso tentando me levar a um lugar de onde eu final-

---

1 Trocadilho intraduzível baseado nas palavras inglesas homófonas *ate* (comeu) e *eight* (oito). "Por que o seis tem medo do sete? – Porque o sete oito nove./ Porque o sete comeu o nove." [N. T.]

mente conseguiria dizer o que queria dizer, que me veio como a palavra da primeira página de um livro que eu não lia há muito tempo, um livro sobre escrever (e responder) cartas, *Miss Corações Solitários*, de Nathanael West (1933).

> Alma de Miss C. S., glorificai-me.
> Corpo de Miss C. S., nutri-me.
> Sangue de Miss C. S., embriagai-me.
> Lágrimas de Miss C. S. lavai-me.
> Ó bondosa Miss C. S., perdoai minha súplica,
> E escondei-me em vosso coração,
> E protegei-me de meus inimigos.
> Ajudai-me, Miss C. S., por favor ajudai-me.
> *In saecula saeculorum*. Amém.[2]

As cartas que a conselheira sentimental Miss Corações Solitários recebe o atormentam (ele é homem); ele não sabe como se encerra o sofrimento de ninguém, não consegue encontrar uma resposta aos gritos de socorro dos leitores Desesperada, Harold S., Mãe Católica, Coração Partido, Burro de Carga, Cansada da Vida, Desiludida Com Marido Tuberculoso, exceto talvez combatendo a infelicidade deles com sonhos. Deixando esta coisa fermentar dentro de si:

> Agora ele sabia o que era essa coisa – era histeria, uma cobra cujas escamas eram espelhos minúsculos no qual o mundo morto adquiria um simulacro de vida. E como é morto o mundo... um mundo de maçanetas. Ele se perguntava se a histeria era mesmo um preço alto demais a pagar para fazê-lo viver.[3]

Nunca é um preço alto demais num mundo de maçanetas (8). Os sonhos mordem e machucam, são histéricos, são puro corpo e desejo pelo corpo, desejo em estado puro

---
2 Nathanael West, *Miss Corações Solitários e O dia do gafanhoto*, trad. Paulo Henriques Britto. São Paulo: Círculo das Letras, 1985, p. 7.
3 Ibid., p. 17.

direcionado ao outro: glorifica-me, nutre-me e intoxica-me, lava-me e ouve meu apelo. Coloco-me no chão à tua frente, no altar de um ano novo. Traz-me de volta à vida. *Saecula saeculorum* (∞).

SOBRE AS REALIDADES CONTÍNUAS DO ABUSO SEXUAL

Questões sobre trauma e verdade ainda assombram a história da psicanálise. Todo caso deveria pôr em questão o que a psicanálise acredita saber.

Freud notoriamente abandonou o que chamava de a teoria da sedução da neurose, decidindo que o abuso sexual não era a causa etiológica da neurose. O abuso e várias formas de trauma com certeza pioravam as coisas – a violência assume o centro do palco da mesma forma como os pensamentos obsessivos ou o sofrimento do corpo podem fazê-lo –, mas isso não era necessário para uma doença neurótica irromper.[1] Muitos argumentaram contra Freud, acreditando que ele vacilara em expor os males causados pelo abuso sexual; eu creio que ele os expôs, sim, inclusive sua prevalência, mas o objetivo dele não era nem político nem sociológico, e sim psicanalítico. Freud desejava entender o sofrimento psíquico. Ele era incapaz de dar uma explicação única para o sofrimento neurótico, e com certeza não uma explicação que dependesse de um acontecimento externo na realidade. Por que não?

A psicanálise se interessa pelo sujeito, pelo que é singular a sujeitos que falam e pelas estruturas universais que delimitam o que é possível para os seres humanos, principalmente devido à sexualidade. À psicanálise interessam as maneiras como se pode intervir nessa configuração. Tal como o trauma de guerra, que Freud também estudou durante a Primeira Guerra Mundial, os traumas sobrepujam a psique e forçam algo externo a assumir a frente do palco. Mas a questão para todo paciente é: *O que você quer?* O trauma enterra a possibilidade de se fazer essa pergunta. Freud via

---

1 Ver Sigmund Freud e Josef Breuer, *Estudos sobre a histeria* [1893–95], in *Obras completas*, v. 2, trad. Laura Barreto. São Paulo: Companhia das Letras, 2016.

a histeria, em especial, como uma interrogação importante, mas que, apesar de tudo, continuava obscurecendo o desejo do paciente.[2] A histeria é um foco no outro em detrimento de si, um foco no outro em detrimento de um dia conseguir dizer o que se quer.

Investigar o desejo humano guiou Freud mais para o âmbito da fantasia, dos gozos escondidos e de todas as formas que usamos para não admitir a responsabilidade por nossas verdades *singulares*. A tentativa de falar na direção da verdade pode estar envolvida com a realidade do abuso sexual; mas pode também não estar. A psicanálise, diz Freud em um ensaio tardio sobre "Construções na análise" (1937), busca somente um elemento de verdade histórica, um cerne que toque na rejeição da realidade de cada paciente que o conduz a ter expectativas pouco razoáveis para o futuro.[3]

Freud diagnosticou uma guerra dos sexos contínua na civilização contemporânea. Ele censurou nossa incompreensão da sexualidade infantil e expôs a natureza polimorfa da sexualidade humana, querendo gerar empatia para o que era considerado, à época, "perversões sexuais". Freud se preocupava com o fato de a moralidade sexual restringir as vidas sexuais a ponto de causar doenças neuróticas; para ele a monogamia deveria ser vista como uma restrição difícil para homens e mulheres. Freud se pronunciou contra a fetichização ridícula da castidade feminina. E, no geral, acreditava que a civilização precisava se esforçar mais em reconhecer as inúmeras e variadas formas como a psique pode organizar o prazer e o desprazer nas vidas humanas, e que quanto mais prescrevermos programas fixos, ideias fixas sobre a sexualidade humana, mais cortejaremos a autodestruição como espécie.[4]

---

2   Ver ibid.
3   S. Freud, "Construções na análise" [1937], in *Obras completas*, v. 19, trad. Paulo César de Souza. São Paulo: Companhia das Letras, 2018.
4   Ver id., "Totem e tabu" [1912–13], in *Obras completas*, v. 11, trad. Paulo César de Souza. São Paulo: Companhia das Letras, 2012; id., "A moral sexual 'cultural' e o nervosismo moderno" [1908], in *Obras*

O trabalho da psicanálise se localiza no registro de fala de um relacionamento particular de transferência entre médico e paciente. Todo caso é diferente, logo seu trato é diferente. A psicanálise desloca o paciente para que este se aproxime de um cerne traumático original e de todas as fantasias, verdades transgeracionais, conflitos sexuais e explosões afetivas que o circundam. Freud pensava nesse trabalho como a aproximação de um paciente e de sua histeria, obrigando-o a registrar uma queixa sobre o outro e começar a relembrar enquanto os dois se aproximavam de algo que, no jargão de hoje, chamamos de gatilhos. Assim, ele universalizou a histeria como integrante da psique de todos e não apenas de mulheres "doentes", igualando a histeria à busca por um núcleo de verdade. Freud sentia que apenas através desse encontro em um tratamento o trauma poderia ceder lugar ao desejo.[5]

Para ele, deve-se entender melhor como a defesa contra uma parte do mundo exterior (histeria) conserva o sintoma e a personalidade intactos, apesar de o custo da estrutura angustiada ser na verdade muito maior. A angústia não é meramente uma força negativa; é uma questão de massa, uma quantidade, com a qual devemos travar um relacionamento. Demanda mudanças palpáveis em um sistema. A angústia está a todo momento preocupada com a angústia, é incrivelmente dolorosa e chata, e o desejo não está

---

completas, v. 8, trad. Paulo César de Souza. São Paulo: Companhia das Letras, 2015; id., *Três ensaios sobre a teoria da sexualidade* [1905], in *Obras completas*, v. 6, trad. Paulo César de Souza. São Paulo: Companhia das Letras, 2016; id., "O tabu da virgindade (Contribuições à psicologia do amor III)" [1917], in *Obras completas*, v. 9, trad. Paulo César de Souza. São Paulo: Companhia das Letras, 2013; id., *O mal-estar na civilização* [1930], in *Obras completas*, v. 18, trad. Paulo César de Souza. São Paulo: Companhia das Letras, 2010.
5 Ver S. Freud a W. Fliess, 6 dez. 1896, in *A correspondência completa de Sigmund Freud para Wilhelm Fliess, 1887–1904*, org. J. M. Masson, trad. Vera Ribeiro. Rio de Janeiro: Imago, 1986, pp. 208–16; S. Freud e J. Breuer, *Estudos sobre a histeria*, op. cit.; S. Freud, "Construções na análise", op. cit.

em parte alguma. Ela nos obriga a viver em uma espécie de zona medial incessante de defesa e substituição, de projeção, recusa e pensamento mágico, o que Freud acaba por chamar de uma série interminável de meias-medidas. A angústia assoma nos espaços liminais, na sensação que pessoa tem de ser um corpo com uma fronteira estranha. A ação, quando baseada na angústia, se resume a controlar a aparência dessa Alteridade, seja em si, seja no outro. Aqui obtemos um vislumbre de por que a angústia deve estar atrelada à sexualidade, e por que a angústia deve dar passagem à histeria.[6]

Passei por diversos momentos "histéricos" nos quais uma paciente caía numa demanda centrada em acontecimentos ou lembranças traumáticos de sua vida. O mais fascinante é que a demanda era tal que eu era solicitada a ir além de apenas testemunhar o que estava subindo à superfície. Era-me pedido para atuar como força validadora ou verificadora – por exemplo, da paciente como alguém que sofrera abuso. Eu era, acima de tudo, solicitada a condenar os atos do abusador. Esses momentos do tratamento foram incrivelmente difíceis e voláteis. Precisar renunciar a fazer isso foi quase insuportável e me encheu de muitos autoquestionamentos e dúvidas. Seria correta nesse caso a abstinência?

Sentia uma espécie de força de instrumentalização do próprio trauma assomar como demanda para que eu assumisse um papel de autoridade que nunca, em nenhum outro momento, tinha assumido. Era uma posição importante para mim como psicanalista. Por que de repente surgia tal demanda extrema pela presença do analista no tratamento, pensei eu? A paciente parecia desaparecer na demanda em si. Ela se desgarrou do tratamento durante esse período. Suas acusações foram ficando cada vez mais paranoicas – e com

---

6   Ver S. Freud, "As neuropsicoses de defesa" [1894], in *Obras completas*, v. 3, trad. Paulo César de Souza. São Paulo: Companhia das Letras, 2023; *Inibição, sintoma e angústia* [1926], in *Obras completas*, v. 17, trad. Paulo César de Souza. São Paulo: Companhia das Letras, 2014.

isso quero dizer centradas no outro como seu perseguidor, que começou também a parecer eu mesma. De forma alguma impedi a paciente de procurar soluções jurídicas, nem de corroborar os acontecimentos com outras pessoas, em especial familiares. Não neguei de forma alguma que os acontecimentos fossem reais. Simplesmente não afirmei saber com toda a certeza que a paciente sofreu, na realidade, abusos.

De uma perspectiva psicanalítica, a verdade não está em minhas mãos, nem mesmo nas mãos da paciente. Está do lado do ato de falar, e do lado do inconsciente, que só aparece aqui e ali, nunca de forma plena. Alguém poderia dizer que essa demanda constituía a resistência mais pura à continuidade da análise em si. Dado que esse momento aconteceu no decorrer de um trabalho de análise bastante longo, parecia se tratar de uma questão de fim de análise, reconhecer esse último grão de verdade, o desejo dela, repetindo um momento original de trauma, tornando não a própria vida dela o que conta, não os próprios desejos dela, mas algo relativo ao outro.

Um momento de paranoia em um caso de histeria

Nos estágios tardios de uma análise, na iminência do fim, uma paciente começou a requentar lembranças de incidentes violentos com o pai. Estava furiosa com ele e queria castigá-lo com a ausência dela, com o apagamento do sobrenome dele, exibindo-se como alguém que rompia com certos códigos da judeidade. Ao mesmo tempo, começava um relacionamento com um homem bastante diferente de seus anteriores – muito mais satisfatório. Havia a questão de se casar de novo e de ter filhos – algo a que ela havia renunciado.

Surgiu um sintoma transitório. Ela teve um orgasmo muito forte, diferente dos outros, disse ela, e isso levara a certa confusão durante o sexo. Ela pensou que ele havia tirado a camisinha, ou que esta se rompera e ele não lhe havia contado. Ainda que não fosse verdade – os dois conferiram –, depois disso ela não conseguiu tirar da cabeça que de alguma forma ele mentira para ela. Ela disse ter pensado que ele iria "vazar". Havia a sensação de que ele estava perto demais, mas que ainda assim iria abandoná-la, o que a aterrorizou e depositou lá dentro a sensação de que ele estaria mentindo. Algo estava se quebrando.

O mais interessante foi que ela subiu a aposta sobre o desejo que eu afirmasse que o pai abusou dela. Ela recordou uma cena difícil em que ele invadiu o banheiro quando ela era adolescente e lutou com ela no chuveiro. Seria isso abuso físico? Haveria algum tipo de abuso sexual escondido por trás dessa lembrança? Ou seria apenas um momento de proximidade excessiva? Inapropriado? Superexcitado demais? Não daria para eu simplesmente dizer o que eu achava que era? Em sessão, ela demonstrava estar cada vez mais aborrecida, dizendo que eu estava abusando dela ao não dar minha opinião, e ameaçou abandonar a análise.

Investiguei com ela por que aquilo estava aparecendo agora; declarei que havíamos revisto essas memórias muitas vezes, em anos anteriores, sem aquela demanda sobre mim nem aquela raiva intensa. Também perguntei o que aquilo tinha a ver com o lugar de seu relacionamento atual e com a questão, antes barrada, de ela querer ter filhos. Ela sabia que se achava absorvida pela sensação paranoide de que tanto ele como eu estávamos fazendo algo com ela que era representado por aquela estranha expressão – "vazar" [*cut and run*]. Quando a repetiu, eu ouvi "vulva" [*cunt*]. Para ela, disse, era como se quiséssemos nos excitar à custa dela, usá-la, gozar com ela e depois jogá-la fora como se fosse lixo.

Na noite após essa sessão, ela derramou uma sopa quase fervendo sobre sua vagina. Foi para o chuveiro e começou a se limpar, chorando, queimada, como se retornasse à cena com o pai. Abraçando o próprio corpo no chuveiro, sentiu ódio de si mesma como mulher, pensando ser fraca. Pensou no pai dentro dela, na identificação que sentia com ele, ao mesmo tempo que o repudiava, odiando-o pelo poder que ele detinha sobre ela quando criança. É verdade que ela sempre voltava a ele, repetidas vezes, ou melhor, voltava a seu ódio por ele e ao ódio que imaginava que ele sentia por ela – com certeza, uma forma de amá-lo. Talvez ela também quisesse "vazar"? O que isso teria a ver com "vulva"? Com toda a certeza, o fim da análise se aproximava.

O que a paranoia pode nos ensinar sobre o significante "ele"

O mais fascinante para Lacan a respeito do delírio ou paranoia é que existe um momento fértil que se torna, para a pessoa psicótica, um mergulho assustador na insanidade. Na composição do delírio, podemos encontrar certos fenômenos elementares cuja composição, motivação e tematização têm a mesma "força estruturante" tanto no todo como nas partes. Existe um núcleo, um "ponto parasitário" dentro da personalidade, ao redor do qual o sujeito constrói alguma coisa que está "destinada a enquistá-lo envolvendo-o, e ao mesmo tempo integrá-lo, isto é, explicá-lo". O delírio se reproduz e, assim, reproduz sua própria força constitutiva, o que significa que sua estrutura é "irredutível a outra coisa que não ela mesma". É essa força autogenerativa que Lacan acredita ter sido profundamente mal interpretada.[7]

A verdade, então, no caso da paranoia, não se esconde como na neurose. A paranoia recebe os elementos de sua própria compreensão e em essência torna-se uma questão de compreensão – que ela compreende, de como compreende, do que compreende, o que significa que se fala do significado como tal: "Que diz o sujeito afinal de contas, sobretudo num certo período de seu delírio? Que há significação. Qual, ele não o sabe, mas ela vem no primeiro plano, ela se impõe, e para ele ela é perfeitamente compreensível".[8] Até mesmo quando o que é compreendido não pode ser articulado por

---

7   J. Lacan, *O seminário, Livro 3: As psicoses* [1955–56], trad. Aluisio Menezes. Rio de Janeiro: Zahar, 1985, pp. 28–29.
8   Ibid., pp. 30–31.

completo, está claro que é compreendido. Você está sempre ao alcance da compreensão, e é aí que a ilusão começa a emergir – "já que se trata da compreensão, nós compreendemos. Pois bem; de fato, não".[9]

É por esse motivo que a contribuição lacaniana para a práxis psicanalítica é "contra o entendimento", ou orientada para o que ele chamava de "não saber". Todos os tropos e expressões idiomáticas a respeito do valor do "não saber" e de "tolerar a ambiguidade" se encaixam aqui, mas creio que a opinião de Lacan é mais radical. A síntese original do eu, que chamamos de narcisismo primário, torna esse eu, esse ego, um alter ego, torna o eu um outro. Tal alienação significa que o desejo humano se constrói ao redor de um centro que é o outro, na medida em que confere unidade ao sujeito e que o objeto é o objeto de desejo do outro.

Uma vez que o sujeito seja um sujeito falante, esse outro se torna Outro com O maiúsculo, isto é, o significado *também* é alienígena – sendo a linguagem um Outro para nós, algo que nos é imposto de fora. Se o conhecimento paranoico é um conhecimento fundamentado em uma alienação egoica original, fundamentado na rivalidade e na inveja da relação simétrica entre o outro e o outro, o eu e o eu, é apenas o terceiro, o Outro, a linguagem e o simbólico, que intervém para superar esse terreno competitivo de rivalidades. "A palavra é sempre pacto, acordo, há um entendimento, chega-se a um acordo – isto é para você, isto é para mim, isto é isto, isto é aquilo."[10] Mas a característica agressiva da competição primitiva deixa sua marca no discurso.

Lacan assinala que, quando Freud diz que os paranoicos "amam o delírio deles como amam a si mesmos", é impossível deixar de ouvir a referência ao mandamento bíblico do "Ama o teu próximo como a ti mesmo", tanto no sentido do pacto quanto da rivalidade que se situa pouco abaixo da superfície.[11] De fato, é a oração *eu* (*um homem*) *o amo* (*a um*

---

9 Ibid., p. 31.
10 Ibid., p. 51.
11 Ibid., p. 246.

homem) que forma os tempos gramaticais das psicoses para Freud – a paranoia, em que o verbo é negado de modo que *eu não o amo, eu o odeio, ele me odeia*, compondo o fenômeno persecutório; a erotomania, em que o objeto é negado (*eu não o amo, eu a amo, ela me ama*), marcando a insistência do delírio erotômano; os ciúmes delirantes, em que o sujeito é negado (*eu não o amo, ela o ama*), o conhecimento das motivações do objeto do amor; e por fim a megalomania, que nega a oração inteira: *eu não o amo, eu não amo ninguém, eu amo só a mim mesmo*. Essa última oração megalômana, até certo ponto, vale para toda a estrutura das psicoses, motivo pelo qual Freud as chamou, em determinado momento, de neuroses narcísicas ou psicopatologias narcísicas.[12]

Embora se possa dizer que o narcisismo, o delírio de grandeza, é a mais operacional da estrutura das psicoses, Lacan logo faz uma distinção sutil e necessária. O problema diz respeito na verdade ao *ele* do *ele me odeia*, que o psicanalista afirma ser um significante, extremamente primitivo, que aparece no mundo exterior. O que estamos vendo é que "com efeito, este *ele* é reduzido, neutralizado, esvaziado, parece, de sua subjetividade. O fenômeno persecutório toma o caráter de signos indefinidamente repetidos, e o perseguidor, na medida em que ele é o seu suporte, não é mais que a sombra do objeto perseguidor". *Ele*, diz Lacan, é o significante mais primitivo. Não temos ideia do que significa e, portanto, é (ou foi) muito forte.[13]

Essa afirmação final é profunda, não só porque traz em si a famosa frase de Freud sobre a melancolia – "a sombra do objeto caiu sobre o Eu"[14] –, mas também por indicar o eixo ao redor do qual a questão contemporânea sobre homens,

---

12 Ver S. Freud, "Observações psicanalíticas sobre um caso de paranoia (*dementia paranoides*) relatado em autobiografia ('O caso Schreber')" [1911], in *Obras completas*, v. 10, trad. Paulo César de Souza. São Paulo: Companhia das Letras, 2010.
13 J. Lacan, *O seminário, Livro 3: As psicoses*, op. cit., p. 107.
14 S. Freud, "Luto e melancolia" [1915/17], in *Obras completas*, v. 14, trad. Paulo César de Souza. São Paulo: Companhia das Letras, 2010, p. 181.

masculinidade, o retorno da supremacia branca (dos *incels* a Jordan Peterson e Trump), parece girar, juntamente com o contra-ataque representado pelo movimento #MeToo. O *ele* está sendo multiplicado, neutralizado e *além disso* esvaziado de subjetividade. Há uma tentativa de transformar "o homem" em nada, tanto que ele se torna o "signo" ou "sombra" do objeto persecutório, o sujeito absoluto. O homem é considerado a um tempo sinônimo da substância que perfaz o patriarcado e absolutamente frágil, vazio. Existe uma insistência cada vez maior sobre o significado de ser um homem, apesar da vacuidade ou estereotipia desses significados.

Dora

Conforme assinalado anteriormente de forma breve, a análise lacaniana da Dora de Freud vira pelo avesso a pergunta sobre o objeto de amor dela, que ela mantém cuidadosamente oculto. É famoso o fato de Freud não ter reconhecido quem era o verdadeiro objeto do amor dela, o que levou ao fracasso da cura do caso e a seu encerramento prematuro. Lacan escreveu:

> A história, como vocês sabem, é de um minueto de quatro personagens, Dora, seu pai, o Senhor K. e a Senhora K. O Senhor K. serve, em resumo, de eu para Dora, na medida em que é por seu intermédio que ela pode efetivamente sustentar sua ligação com a Senhora K. [...] Só a mediação do Senhor K. permite a Dora sustentar uma relação suportável. Se esse quarto mediador é essencial à manutenção da situação, não é porque o objeto de sua afeição é do mesmo sexo que ela [eu (uma mulher) a amo (uma mulher)], é que ela tem com seu pai relações mais profundamente motivadas, de identificação e de rivalidade, ainda acentuadas pelo fato de que a mãe é no casal uma personagem inteiramente apagada.[15]

---

15 J. Lacan, *O seminário, Livro 3: As psicoses*, op. cit., p. 108.

É assim que Lacan entende o acontecimento instigador causador de um desequilíbrio que se transformou numa síndrome persecutória com relação ao pai de Dora. É a cena junto ao lago, quando o Senhor K. tenta seduzi-la, que importa – esse caso se dá como uma situação do #MeToo, com o Senhor K. coagindo sexualmente jovens camareiras, pressionando o pênis ereto contra Dora quando ela era uma menina nova, ameaçando-a e guardando as chaves de seu quarto, e voltando a situação contra ela, dizendo que ela era uma menina suja que jamais mereceria suas afeições. Poderíamos ver isso não apenas como um trauma ou série de traumas, mas um trauma que se situa como trauma em virtude de um momento "fértil" ligado não a acontecimentos, mas na verdade ao fato de o Senhor K. dizer a Dora: *"Minha mulher não é nada para mim"*. "Tudo", diz Lacan, "se passa nesse momento como se ela lhe respondesse – *Então, o que você pode significar para mim?"*.[16] O "nada" reaparece. Dessa vez, com algo que ela vê surgir do homem sobre as mulheres, ao que Dora replicará: "Você não é nada para mim".

Dora, que fora cúmplice no arranjo dessa pequena quadrilha, de repente começou a fazer exigências, declarando que seu pai a queria "prostituir, e entregá-la àquele Senhor K. em troca da manutenção de suas relações ambíguas com a mulher dele".[17] Freud inclusive observa que ela mesma entendia o quanto era meio exagerado, mas que às vezes não conseguia pensar em outra coisa além disso, incluindo separar o pai da amante. Freud chama isso de pensamento sobrevalente, formulado para soterrar todos os outros, formulado para ofuscar a verdade. Isso é importante para entender o tipo de demanda a respeito de alegações que podem surgir em um tratamento.

Lacan argumenta que algum tipo de distância que auxiliara Dora caíra por terra e que os pensamentos paranoicos dela vieram para restabelecer a distância necessária. Às vezes essa distância tomava forma concreta, como afastar-se compulsivamente daquelas três pessoas, em outros momentos

---

16 Ibid.
17 Ibid., p. 109.

vinha como o sonho de se vingar do pai e separá-lo de sua amante, ou, por fim, após se distanciar um pouco dos casos amorosos, como o desejo de estabelecer a "verdade" do que estava acontecendo entre as quatro partes, que não queriam admitir de todo os ocorridos.

A tipografia freudiana do eu nos mostra como um histérico, ou um obsessivo, usa seu eu para fazer a pergunta, ou melhor, precisamente para não a fazer. Qual é, então, a pergunta da histérica-mulher? Ela pergunta: *O que é ser uma mulher?* E se reclama dos homens, ou de um homem, é por causa da identificação com ele graças a uma assimetria fundamental nos caminhos da garotinha e do garotinho no que diz respeito ao objeto primário – a saber, a mãe. Porém Lacan, que não se renderá a nenhum tipo de essencialismo de anatomia ou de gênero, logo aponta que Freud está falando não de alguma assimetria na realidade, mas daquilo que diz respeito ao significante.

Dora está se perguntando: *O que é uma mulher?* Ela tenta simbolizar o órgão feminino como tal:

> Sua identificação com o homem, portador do pênis, é para ela, nessa ocasião, um meio de aproximar-se dessa definição que lhe escapa. O pênis lhe serve literalmente de instrumento imaginário para apreender aquilo que ela não consegue simbolizar. [...] Tornar-se uma mulher e interrogar-se sobre o que é uma mulher são duas coisas essencialmente diferentes. Eu direi mesmo mais – é porque não nos tornamos assim que nos interrogamos, e até certo ponto, interrogar-se é o contrário de tornar-se.[18]

Imaginar pode até mesmo significar ser incapaz de se tornar coisa alguma, especialmente quando existe a insistência de encontrar certas coordenadas simbólicas para os homens, ou um homem, ou pais, ou líderes masculinos, a fim de responder uma pergunta feita pela própria pessoa sobre seu sexo feminino.

---

[18] Ibid., pp. 203–04.

Por quê? Porque no simbólico nada explica a criação, nada explica a vida como é e nada explica o sexo, em especial a reprodução sexuada – o significante é incapaz de fornecer uma resposta em quaisquer desses pontos ou nós. Pode-se suspeitar que daí veio a declaração de Freud de que o sentido da vida é já ser neurótico. O significante, em essência, não significa nada, e quanto menos ele significa, mais indestrutível é. Na verdade, quanto menos significa, mais felizes somos.

Então, em que pé estamos hoje com a questão da realidade contínua do abuso sexual? Há certa ênfase em expor a verdade há muito escondida sobre os dois pesos e duas medidas das sociedades, mas enfrentamos dificuldade em inventar novos meios de nos unir e reestruturar a sociedade, pois a força de acusação, ataque e contra-ataque não para de aumentar. Será possível ouvirmos a necessidade de algum tipo de distância nessa insistência em revelar a verdade sobre os outros, mas nunca sobre nós mesmos? Terá o *eu amo ele* sido negado por baixo de um *ele me odeia*? E quanto à proliferação do esvaziamento de significado ao redor do *ele*? A insistência em uma questão sobre os outros, sobre sexo e poder, sem dúvida tem efeitos profundos, mas também corre o perigo de sucumbir numa resposta, uma resposta paranoica, que chega como uma imagem de violência, presença e, portanto, da negação total da subjetividade.

Será, então, que a questão por trás disso tudo (potencialmente histérica, ou seja, em relação a um sujeito que aparece na interseção entre a sexualidade e o falar a verdade) esconde esses desvios, mesmo enquanto os estrutura? Não estaria ela presente nesses exemplos clínicos, no momento em que o sujeito desaparece numa demanda, em que os pontos mais críticos de significação em torno do que é ser uma mulher, ser uma mulher sexual e amar, e até mesmo desejar homens, ou mulheres, estavam precisamente se manifestando? A psicanálise dá a resposta: *Nada, não há nada real aqui, exceto o real*, a saber, a figura da separação radical, a realidade nua e crua da verdade da violência sem fim e da sexualidade confusa na civilização humana, e o fato de não conseguirmos encontrar o sentido do sexo, da vida e mesmo da morte. A questão, ao atingir uma intensidade de insistência, uma rejeição radical da realidade, é primeiro um rompante de atos e pensamentos sobrevalentes persecutórios e, em seguida – assim se espera –, um meio para se alcançar um fim. Dado que não há resposta, temos de inventar algo novo nesse ponto degradado (nas relações humanas) a que chegamos.

ÓRGÃOS INÚTEIS

No livro de Paul B. Preciado, *Eu sou o monstro que vos fala*, texto de uma palestra concedida na conferência anual da École de la Cause Freudienne [ECF, Escola da Causa Freudiana], em Paris, em 2019, a psicanálise é colocada no mesmo saco que as profissões psicológicas e psiquiátricas, os que empurram remédios goela abaixo e os higienistas mentais, para fazer um apelo:

> Apelo ardentemente a uma transformação da psicanálise, à emergência de uma psicanálise mutante, à altura da mudança de paradigma que vivemos. Talvez apenas esse processo de transformação, por mais terrível e desmantelador que possa parecer, mereça hoje ser chamado psicanálise.[1]

O que merece o nome de psicanálise? É possível saber como poderia ser essa psicanálise mutante sem traçar uma lista de certo e errado, e sem inventar justificativas para ninguém?

Preciado tem uma relação complicada com a psicanálise: às vezes ele a entende como uma prática de domesticação levada a cabo pela alta burguesia, um suporte e uma armadura teórica para visões normativas de sexualidade e gênero, valendo-se de ideias datadas tanto de interioridade quanto do corpo como um objeto anatômico privado baseado em códigos binários. De uma perspectiva diferente, Preciado flerta constantemente com a psicanálise: nota a importância dos sonhos nos momentos de transição em sua própria vida, a autoexperimentação de Freud com substâncias e escritos autoteóricos, a câmara analítica – que com frequência fica na casa do analista – como subversão do espaço doméstico, bem como o trabalho da psicanálise com uma nova ideia do

---

[1] Paul B. Preciado, *Eu sou o monstro que vos fala: relatório para uma academia de psicanalistas*, trad. Carla Rodrigues. Rio de Janeiro: Zahar, 2022, p. 90.

corpo como teatro somático, um arquivo vivo que constitui um local de transformação radical.

O livro de Preciado de 2013, *Testo junkie*, serviu em grande parte como a inspiração para meu trabalho sobre o "transtorno de conversão", em um livro homônimo publicado em 2018.[2] Apesar das críticas diretas de *Testo junkie* à psicanálise, encontrei uma maneira de ler os aspectos formais da obra: o livro como um processo de luto, um ensaio-corpo, um protocolo experimental de intoxicação e um texto de autoanálise. Eu queria traduzir esses aspectos à lente da prática cotidiana da psicanálise clínica: olhando para como o soma irrompe no consultório, os dilemas de agência e identidade e tantos objetos de satisfação frustrante, a biopolítica da era psicofarmacopornográfica presente em nossos sintomas, os desdobramentos e mutações necessários para mudanças de paradigma e reescritas epistemológicas, um anseio de futuro.

Eu queria pensar os limites extremos que cada um precisa atravessar para localizar uma experiência de desejo, abaixo ou além dos aparatos do Estado – algo que Preciado narra em sua própria vida, com seu próprio corpo, para demonstrar como o Estado penetra mais a fundo em nossas vidas e corpos do que muitos de nós estamos preparados para admitir. O livro dele funcionou como um corte, um *memento mori*, que se abriu em um desejo de lutar contra formas de controle já desgastadas de tão usadas. Tal desejo estaria, nesse sentido, conectado a um regime mais antigo, uma psicanálise patológica – na verdade, dela não pode escapar de todo, mas, como uma mutação dela, procura extrair o caminho mais revolucionário.

Preciado nos diz que "uma filosofia que não utiliza o corpo como plataforma ativa de transformação tecnovital está pisando em falso. Ideias não bastam"[3] –, afastando-

---

2 P. B. Preciado, *Testo junkie: sexo, drogas e biopolítica na era farmacopornográfica*, trad. Maria Paula Gurgel Ribeiro. Rio de Janeiro: Zahar, 2023; Jamieson Webster, *Conversion Disorder: Listening to the Body in Psychoanalysis*. New York: Columbia University Press, 2018.
3 P. B. Preciado, *Testo junkie*, op. cit., p. 376.

-se, assim, de ideias e epistemologias impotentes para o soma, o teatro do corpo, a materialidade e a força, em busca de práticas. A psicanálise como uma dessas práticas, particularmente em *Testo junkie*, é vista como um tráfico de substâncias entre analista e paciente. As palavras trocadas exercem efeitos reais no corpo; a psicanálise não pode deixar de lado o estranho fato de que as palavras impactam os corpos. Preciado vê a psicanálise como um aprendizado de como viver em ambientes somáticos e semióticos que vêm se tornando cada vez mais tóxicos. É a psicanálise não como simplesmente moderna – presa em uma concepção sifilítica e *fin-de-siècle* do sujeito sexual como um interior –, mas trazida ao contemporâneo que está apenas começando a afastar-nos dessa obsoleta epistemologia da interioridade.

> Freud era uma *cloaca maxima*, um bueiro que absorvia todas as substâncias e técnicas do self produzidas em sua época. Aspirando tudo o que passa, ele não poupa nenhuma das células expostas, nem as próprias, nem as alheias. Dessa forma, não é verdadeiro dizer que a psicanálise de Freud foi única e prioritariamente uma técnica de cura através da palavra. A característica distintiva da boca de esgoto freudiana foi ingerir todas as técnicas somatossemióticas, incorporando todas as próteses de sua era e transformando-as em corpos vivos e discursos culturais.[4]

O que é o momento contemporâneo para Preciado? Ele concebe o corpo como algo que assume diversas estruturas epistêmicas, do receptáculo religioso para a alma ao museu de órgãos anatômicos para a mirada científica. O corpo contemporâneo acompanha o sujeito que se vê cada vez mais situado como um interior por instituições que vinculam esse interior – da vida doméstica e da família até tradições relativas a gênero e sexo e controle governamental por confinamento e outras formas de dominação. Mas esse corpo interiorizado começa a ficar datado em nosso

---
4 Ibid., p. 377.

novo ambiente global. Não se sabe onde isso vai dar, mas é importante enxergar que estamos passando por uma "metamorfose".[5] Os sujeitos não estão mais sendo controlados de fora para dentro, e sim de dentro para fora, da mesma maneira como a consciência coletiva está no processo de ser externalizada por meio da tecnologia. Estamos produzindo uma miríade de selves prostéticos, novos órgãos, abertos à contaminação, a reajustes e mutações.

Onde caberá a psicanálise nisso tudo? Preciado fala da psicanálise, dirigindo-se diretamente a mim em uma entrevista sobre seu futuro:

> Andei tentando pensar qual seria meu problema com a psicanálise, e acho que é a posição de poder que ela já possui sobre a interioridade do sujeito – uma espécie de monopólio sobre os sonhos e a imaginação, e uma obsessão com a trama familiar. Não se trata tanto de expurgar esse poder, mas mais da ideia de que a psicanálise está de mal com a realidade de agora, com o que está em mudança. Então será que ela pode funcionar da mesma forma? Digo isso, mas ainda assim quero o que chamo de "psicanálise mutante", não uma busca da interioridade, mas um espaço para uma transformação da consciência coletiva. Tenho tantas perguntas e, Jamieson – você e eu devíamos conversar –, eu não acho que você represente o tipo de psicanálise que se pratica.[6]

Existe tanto desejo de que a psicanálise seja o lugar da transformação coletiva. Compreendo esse desejo, de querer que a mudança psicanalítica funcione para além do relacionamento um a um, de nosso trabalho impotente de paciente em paciente. Tenho dúvidas de que possa ser mais que isso sem descambar para um controle digno de uma seita, sem

---

5   Id., *Um apartamento em Urano: crônicas da travessia*, trad. Eliana Aguiar. Rio de Janeiro: Zahar, 2020, pp. 210–12.
6   J. Webster, Alison M. Gingeras e P. B. Preciado, "Pathologically Optimistic: An Interview with Paul Preciado". *Gagosian Quarterly*, 4 dez. 2020. Disponível on-line.

perder a intensidade que o tempo e a escuta singular criam, necessárias à verdadeira transformação.

Preciado alega que o problema é que o relacionamento entre a psicanálise e esta nova realidade parece ir de mal a pior. Será que a família nuclear e a diferença de gênero são intrínsecas à psicanálise e a sua prática clínica? Será que a psicanálise está pisando em falso? É difícil ver quem de fato teria de descobrir isso, se Preciado ou os "analistas". Será que Preciado precisa ficar a sós com um analista, cara a cara, nos aposentos *do analista*? Ou pode ser algo mais coletivo, eles podem ir juntos para a rua, o analista pode ir até a casa de Preciado? Será que ele quer *mesmo* algo assim?

Isso espelha sentimentos que Preciado tem a respeito de um lar, que ele acredita ser algo pouco estudado e que talvez não possa ser um local de crescimento ou de percepção. O consultório do analista em seu próprio domicílio é um nicho numa casa, como foi para Freud e Virginia Woolf. Cada vez mais, porém, para Preciado, esse nicho não constitui uma revolução da vida doméstica e do controle, mas uma privatização da vida do paciente:

> Em ambos os casos – na luta da feminista pelo teto todo seu como uma busca da interioridade não definida por demandas heteronormativas, e na psicanálise como uma prática de exploração (ou criação) da interioridade do paciente (uma interioridade que também pode ser chamada de inconsciente) – inventar práticas culturais dissidentes também significa inventar novos espaços ou habitar espaços tradicionais de forma diferente [...]. É por isso que tanto me interessa uma mudança ocorrida após a Segunda Guerra Mundial: a relocalização, para a casa, de atividades de produção econômica que eram tradicionalmente localizadas fora do campo doméstico.[7]

Mas por que a psicanálise é vista aqui como a privatização e interiorização do paciente, em vez de como a subversão do

---

7 Ibid.

espaço dela mesma? O paciente se entrega ao teatro somático da transferência, tal como Freud viu o sintoma se estender ao consultório do analista, reajustando a ordem usual e o ritmo da vida consciente-inconsciente. Ele chamou isso de a "arquitetura da histeria", que é uma duplicação, no exterior do processo e ritual analíticos, da arquitetura interior.[8]

Os consultórios psicanalíticos são estranhas zonas liminais, espaços transicionais, pertencentes tanto ao paciente quanto ao analista, mas que também não pertencem a nenhum dos dois. Eu adoro o teatro de meu consultório e o que ocorre no espaço da sala de espera, no banheiro, na entrada e na saída. Por que a psicanálise não pode ser vista como a produção de novas formas de exterioridade, por exemplo, como a dos sonhos, dos sintomas, até do *acting out*? Com certeza nada disso existe no lado de dentro. Nem mesmo a transferência, que é uma externalidade fascinante, assim como a fala ou discurso. Não estou certa nem sequer de que é a psicanálise que produz a interioridade, embora concorde que certas versões dela nada fazem para ajudar.

Mais do que isso, a força da psicanálise em geral é algo discutível. Acho reconfortante a posição marginal da psicanálise. Ela só assumiu protagonismo mesmo por um breve momento na metade do século XX, quando os psiquiatras-psicanalistas em Nova York – contrariando as recomendações de Freud de que a psicanálise não se aliasse à medicina (Freud até enviou Ferenczi para conversar com A. A. Brill, que as ignorou) – detinham poder dentro de hospitais e no mundo cultural (o mesmo valeria para os lacanianos na França). Porém, mesmo durante esse breve momento de apogeu da psicanálise, o campo logo se tornou caótico e dissolveu-se em diferentes facções, sendo abandonado no rastro do sucesso da Terapia Cognitivo-Comportamental (TCC) e da psicofarmacologia.

---

8 S. Freud, "Rascunho M. A arquitetura da histeria", in *A correspondência completa de Sigmund Freud para Wilhelm Fliess, 1887–1904*, org. J. M. Masson, trad. Vera Ribeiro. Rio de Janeiro: Imago, 1986, pp. 247–49.

No fim, a psicanálise se tornou bem mais estranha e fragmentária. A presença da psicanálise na cultura, tanto a *mainstream* como a alta cultura, é infinitamente perturbadora, como se fosse um vírus incapaz de ser detido mesmo quando há um consenso negativo coeso contra ela. Preciado deve admirar essa força, essa infiltração lépida, essa adaptação. É impossível não escutar aí a história apócrifa de Freud sobre a psicanálise ser como uma peste.

Não sei se represento ou não o tipo de psicanálise que se pratica, nem se devo ser vista como exceção a qualquer regra. Mas me identifico com o que Preciado chama de "axioma do cordeiro" ou "princípio da autocobaia". Os experimentos do analista nele mesmo e a permissão a outros para usá-los prestam-se a uma luta entre a vida e a morte:

> O objetivo do cordeiro: lutar contra a privatização do corpo e a redução da *potentia gaudendi* a força de trabalho, a uma marca registrada, a um *copyright* e a um biocódigo fechado. O modo de funcionamento do cordeiro: pirataria de hormônios, textos, técnicas corporais, práticas, códigos, prazeres, fluxos, substâncias químicas e cartografias... A transformação do corpo da multidão em arquivo político aberto: a *somathèque* comum.[9]

Eu contaria a Preciado que o analista testa tudo primeiro em si, permite ao paciente piratear dele tudo o que precisar. Quero explicar como a psicanálise é uma técnica corporal, escreve um arquivo coletivo de corpos na luta contra o recalque. Quero mostrar a Preciado como vivo todos os dias em meu consultório, com meus pacientes, em absoluto fluxo, usando cartografias que ainda precisam ser escritas. Que, para fazer isso, preciso desenvolver todo tipo de práticas de conhecimento, conhecimentos que sejam abertos, vivos e incorporados. Meu trabalho está sempre correndo o risco de se encerrar; na verdade, um dia o fará. É minha única garantia.

---

9 P. B. Preciado, *Testo junkie*, op. cit., p. 406.

A psicanálise e o luto são o acerto de contas paradoxal com os órgãos inúteis que carregamos por aí, dos quais nunca precisamos, mas que foram usurpados assim mesmo, ou então órgãos que nunca nem sequer tivemos e ainda assim precisamos dar um jeito de perder. Diz respeito a um processo de separação baseado em um desencantamento definitivo com a representação ("as ideias não são o suficiente"), uma dispensa do desejo de salvação ("ninguém será capaz de fazer nada por minha felicidade") para aceitar viver em crise constante. A psicanálise é testemunho disso, de uma vida, por fim, de resistência ética, como a marca de um corte, em que você testa algo e o quebra ao meio.

Há pacientes que, logo de cara, existem como crises incessantes em vez de como seu recobrimento; cuja forma de ser parece testemunhar a impossível bifurcação de vida que torna tudo arbitrário. Eles vêm em busca do lugar que Preciado está procurando "onde o desejo realmente emerge", e sabem que só ocorre no limite, e têm os olhos pregados fixamente nessa borda externa. Eles entram na luta por uma agência impossível, uma agência até então desconhecida, mas que, no fim, sempre se desmonta, especialmente nas tumultuadas vicissitudes da dependência, o compromisso com a crise. Esses pacientes testarão todos os aspectos da identidade dos analistas e suas identificações, porque cobrem o local de onde o desejo deles emerge. E, caso esse desejo esteja fechado, se o ser dos analistas estiver lacrado desse modo, como poderão ajudá-los com o projeto, com essa busca?

Às vezes, tais práticas extremas desaparecem à medida que uma análise prossegue e o paciente de repente parece neurótico: autoconsciente; excessivamente crítico; a emergência de um supereu duro; a necessidade de ser produtivo, eficiente, uma boa menina ou um bom menino, viver sob um cronograma, acordar na hora, unir-se ao resto do mundo... e me sinto morbidamente culpada. O que foi que eu fiz? Antes de falar comigo você era tão mais interessante.

E então penso duas vezes em tudo: eu era tão mais interessante antes de me tornar psicanalista.

Há outros pacientes sobre os quais gostaria de contar a Preciado – mulheres, especialmente, que estão confusas quanto ao que seus ginecologistas lhe disseram aos 12, 14, 25 ou 40 anos: que seus ciclos menstruais serem "irregulares"; que não têm óvulos, apenas cistos; que têm testosterona demais ou estrogênio insuficiente; que usar anticoncepcionais é a única solução; que sentirão dor; que sem isso, ficarão mal-humoradas; que vão, Deus as livre, engravidar; que as máquinas podem lhes explicar o destino de sua feminilidade; que remédios e tecnologias as ajudarão a ficar grávidas exatamente no momento que desejarem; ou, no mínimo, que tudo isso forçará esse ser tão desordenado a andar na linha.

Essas mulheres muitas vezes têm a sensação de que jamais conheceram o próprio corpo, presas na fantasia do que já foi, ou do que poderia ser, por terem vivido a vida toda com um corpo mediado por drogas. Parece impossível saber a diferença entre esses remédios e seu corpo, esses remédios e a estranha mescla que se dá entre fantasia e subjetividade. Impossível definir qualquer linha demarcatória em um sistema que torna corpo, sujeito e objeto indistinguíveis. Minhas pacientes parecem aterrorizadas com a ideia de perder esse "farmaobjeto" que se coloca entre elas e seus corpos, deixando a questão do gênero, ou na verdade a do desejo, em suspensão.

Alguns psicanalistas me dizem que se trata simplesmente do mecanismo da fantasia: *É um anticoncepcional – qual o problema?* Esses "farmaobjetos" se tornam mais do que são porque são neuróticos. É a mesma coisa quando os pacientes contam sobre os efeitos colaterais de seus antidepressivos. A pessoa os toma e eles ajudam, ou não. Sou aquela que participa da fantasia deles sobre o que isso faz com sua subjetividade, seus corpos. Sua subjetividade deveria se localizar fora ou além do que não passam das ferramentas de uma época. Como podemos argumentar contra os anticoncepcionais?

Os antidepressivos já salvaram muitas vidas. A subjetividade não está sempre implícita na tecnologia? A palavra *techné*, em grego, nos mostra esse vínculo entre arte, artifício, tecnologia, o ser e a política. Isso é tão antigo quanto a civilização. Claramente, sou histérica. Estou em busca de um ontem, uma pureza, um ser a priori que nunca existiu. Mas, meu Deus, todo mundo tomando remédios psicofarmacológicos... é avassalador. Em segredo, eu me sinto arrasada. Acho um alívio as descrições de Preciado desse regime que se infiltra em nossos corpos, e, embora seja uma crise, Preciado lê à frente, num salto para o futuro: nunca o gênero foi tão abstrato, nunca a realidade foi tão líquida. Devemos viver como se no fim dos tempos; formar a nós mesmos como pontos de grande tensão naquilo que Preciado chama de "cartografia de extinção" generalizada. Não podemos voltar atrás. Podemos somente rumar para a frente.

Muitas pessoas que conheço que assistem a pornografia, que não conseguem encontrar um meio de parar de se masturbar, que escoram seu senso de identidade e contêm toda a sua angústia por meio de um consumo ritualístico e diário de sexo, espelham essas mulheres e seus remédios. A mim me parece que não importa o que se diz sobre pornografia em sessão – detalhes incessantes sobre o que se assiste, os orifícios, as gozadas, a trolagem das aventuras da Craigslist ou dos anúncios de acompanhantes – ou, se não foi dito, será sempre o ponto cego em um dia, ali em seu silêncio, como o espaço obscuro entre os sonhos e as listas de supermercado. Não consigo localizar um desejo nessa torrente de imagens, nessa vida em estado nu. Sei que é meu dever fazê-lo. Mas, de meu ponto de vista, parece que isso precisa se interromper, ou definhar, ou ambos. Preciado me conta que estou em uma era absolutamente nova: a produção de neo-não-subjetividades via satisfação frustrante, toda uma rede de cooperação masturbatória, de corpos penetráveis.

O que une esses pacientes à luz do trabalho de Preciado é a necessidade de um corte, de uma quebra na corrente, o *loop* reflexivo, um fluxo incessante de ser. Ele tem razão:

"As ideias não são o suficiente". Parece estar se tornando cada vez mais difícil se criar alguma coisa nesse sentido. Como analistas, devemos perceber que estamos trabalhando contra um sistema enorme – o Estado penetra cada vez mais profundamente em nossa biologia. Nosso ato, se for um ato que opere contra isso, seria radical. Nosso radicalismo beira o terrorismo, espelhando o trauma que procura transformar porque o ato tem o caráter de um estilhaçamento, ingerido pelo paciente, rompendo, invadindo. Preciado vê o amor de transferência como uma hiperprodução de "afetos", um "sistema protético de informação psicossomática", "uma cibernética do vício".[10]

Muitos psicanalistas contemporâneos enxergam a cura como uma tentativa de devolver o que se compreende como uma conversão sintomática na direção do corpo à memória ou a uma estrutura representativa, em nome da homeostase. Teoricamente isso pode ser visto como uma reafirmação das velhas categorias de diferença sexual e identidade, em conformidade com normas preestabelecidas. Essa é a psicanálise como terapia ou terapêutica. Freud era hipervigilante e violento em face de qualquer de seus discípulos que buscassem tais tipos de mudanças, que ele chamava de o *furor sanandi* deles, ou "furor de curar".[11]

Os psicanalistas, com sua transformação "tecnovital", usam e arriscam a mutação em sua "cura". Se Preciado está (ou não) preocupado com o poder do psicanalista, nessa visão somática de Freud, o psicanalista não está no controle daquilo que esta tenta acessar. Suas "ferramentas" são ferramentas para mutantes e mutações. Encarar os psicanalistas dessa forma seria mais radical do que transformar a psicanálise em uma epistemologia (mesmo quando ela for "anti", uma antiepistemologia do desconhecimento), ou uma

---

[10] Ibid., p. 418.
[11] S. Freud, "Observações sobre o amor de transferência" [1915], in *Obras completas,* v. 10, trad. Paulo César de Souza. São Paulo: Companhia das Letras, 2010, p. 171.

teoria aplicável a esta ou aquela disciplina acadêmica, ou simplesmente a forma degradada de "relatos psicológicos" que emergiu da psiquiatria e do império de terapias. Em vez disso – e foi aqui que meu pensamento se enraizou –, pensemos na psicanálise como um transtorno de conversão, como a hiperprodução de complacência somática que age como um convite somático que solicita a você, e solicita o novo.

Psicanalista é quem sustenta o teste do paciente, sustenta o testemunho, permitindo ao paciente testá-lo, testar suas identificações, através dele. As interpretações do analista cortam esses nós como numa cirurgia. Tais práticas se veem inquietantemente condensadas no nome "testosterona". A psicanálise e a testosterona são dois significantes centrais que circundam um ao outro.

Juntas, a psicanálise e a testosterona miram o que Preciado chama de busca por um corpo, às vezes o da própria pessoa, às vezes o de outra, por meio de um vício que é o uso e o brincar com um objeto que nunca desejará você de volta, impedindo que você possa descobrir qual é seu desejo em sua pureza, reconfigurar a realidade, autolegislar o consumo e suscitar os afetos mais intensos como linhas ou fissuras de vulnerabilidade. A psicanalista é a pele que vem absorver essas toxinas, o lócus para esses fluidos e sua mutação, o espaço para praticar o luto pelos órgãos inúteis de um corpo na exteriorização e mediação do objeto.

Como Preciado, pode-se encontrar em Freud o imperativo de nunca voltar atrás, só andar para a frente. O programa é o do "sintoma", que Freud diz procurar como um fim em si mesmo, um *telos* próprio.[12] Precisamos insistir em levar essa conversa tão longe quanto ela puder ir, para a frente, até obtermos lucros e rendimentos desconhecidos, a fim de aproveitar a força dessa inervação parasita e insolúvel. A psicanálise não é uma desconversão, mas a conversão mais radical, que não passa de outro nome para

---

12 Id. e Josef Breuer, *Estudos sobre a histeria* [1893–95], in *Obras completas*, v. 2, trad. Laura Barreto. São Paulo: Companhia das Letras, 2016, pp. 416–17.

mutação. A psicanálise é uma visão somatomilitante que pode ser vista no fato de Freud aderir à estranha linguagem do corpo e se recusar a traduzi-la em uma terminologia e categorias psicológicas mais aceitáveis: fases oral e anal, o falo, sexualidade genital e pré-genital, perversão polimorfa, angústia de castração, repúdio da feminilidade, o princípio do prazer, a pulsão de morte. Tais militância e invenção somatoterminológica reverberam no espaço entre Freud e Preciado.

PÂNICO SEXUAL

Ainda que o pânico seja uma das experiências individuais de medo mais isoladas, internas e extremas, ele é também absolutamente contagioso. Comecei a sonhar com pânico toda noite, talvez de maneira a poder escrever este texto, o pânico transformando-se em piada, ainda que a experiência não tenha sido nada engraçada. Os sonhos me deixavam exausta.

No primeiro sonho, há algumas semanas, eu observava uma horda de animais, cujas patas pisoteavam ruidosamente a terra enquanto percorriam terras naturais amplas e férteis, não pastoris, mas de uma natureza primeva, vinculada à morte. Por que essa imagem me trazia tanta angústia, como se imitasse um coração batendo em alta velocidade, o som de um corpo se encontrando com a terra? Trata-se, também, de uma imagem de guerra. Então me vejo em um prédio abrindo a porta para Anna Wintour e aquele olhar gélido dela; seu nome, uma referência ao apocalipse de zumbis de inverno no tão aguardado fim de temporada de *Game of Thrones*. Wintour entra no recinto e me inspeciona como a um inseto, depois se volta para o carpete que atraíra sua ira ainda mais do que eu, então berra para sua equipe o quanto era inadequado aquilo que tinha sob seus pés. Por que ela não está angustiada? Por que a inspeção dela não é sinal de seu próprio pânico, e não de seu poder? Será mesmo que não é?

De repente, meu namorado e eu estamos sentados juntos no escritório da diretora da escola, em duas cadeiras à frente da mesa dela – eu nunca me sento diante de pessoas que se sentam atrás de mesas –, e não se sabe quem está encrencado: se nosso filho ou nós mesmos. Estamos velhos demais, ele me lembrou de manhã, para achar que estamos encrencados; estamos mesmo, mas nunca se está velho o bastante para sentir esse tipo de pânico, ou pelo menos não velho demais para lembrar dele.

Próximo sonho: fui assolada por uma imagem de mares cheios de lixo e eu observava os últimos pinguins da Terra – de alguma forma isso fica claro para mim –, seus corpinhos preto e brancos sendo lambidos pelas ondas ou, tendo tido um último banho de mar prazeroso, sendo jogados pelas ondas na praia. "Eles não vão voltar", alguém me conta. Todo esse sonho é uma elaboração em cima de um meme que vi no Instagram antes de ir para a cama, em que uma mulher entrega um peixe a um homem, ele pede um saco plástico e ela responde: "Já está dentro dele". A legenda desse meme específico era: *Este meme acabou de cagar no planeta inteiro.* Ou seria: *Este é um meme de como cagamos o planeta inteiro?* Fui forçada a perder mais tempo e ir procurá-lo – não, era a primeira opção. O que isso significa, aliás – *Este meme acabou de cagar no planeta inteiro*? Acho que meu inconsciente estava interessado no que disse a peixeira: *Já está dentro dele.*

O sonho chega ao fim com uma imagem da mais pura angústia – a transformação de algo em um nada, pura difusão ou dissolução. Os corpos dos pinguins evaporam-se numa substância em preto e branco, algo que agora pode sair de uma caneta, tinta sobre o papel, a imagem produzindo uma espécie de sonograma, alguma indicação do que está lá dentro – uma fantasia de gravidez, é claro, mas também uma piada bem melhor do que a do Instagram, simplesmente porque é uma brincadeira inconsciente à minha custa sobre pinguins, penas, pênis e "pênico", ou seja, sobre ter de escrever ou dar à luz esse texto em pânico. A etimologia de pena é "acrescentar, pesar, tecer". Em outras palavras, um sinônimo de Webster – "tecelã", em inglês. Dei à luz a porra de meu próprio nome.

Para Freud, a gravidez significava entregar-se à necessidade da espécie, sacrificando sua individualidade, cortejando a realidade da morte; você se torna um apêndice de sua própria criação que, em todo caso, vai te abandonar, no mais das vezes viver mais do que você.[1] A procriação é divi-

---

[1] Sigmund Freud, "Além do princípio do prazer" [1920], in *Obras completas*, v. 14, trad. Paulo César de Souza. São Paulo: Companhia das Letras, 2010, pp. 229-30.

são, evaporação. É a imagem oposta à da poluição, na qual reclamamos a Terra como nossa, nossa para cagar em cima, ao mesmo tempo que imaginamos que vamos sobreviver a ela. A internalização é tanto uma figura da gravidez quanto uma conquista psíquica – leve isso para dentro para tirá-lo de dentro de si.

A origem do pânico é o deus Pan, o sátiro selvagem metade animal, metade humano. O que hoje se chama de transtorno de pânico – ou sua manifestação singular, conhecida como ataque de pânico – costumava ser chamada de "neurose de angústia" (termo freudiano que significa que você estava mais angustiado do que neurótico e incluía, para Freud, as fobias), ou, para recuar mais ainda no tempo, até o século V, "pantofobia", que significa medo de tudo, ou "medo inane", *inanis metus* em latim.

Esse medo de tudo se volta, na psicanálise, contra fobias específicas, como de cobras, aranhas, dirigir ou pessoas, porque a pessoa se sai muito melhor quando esse "tudo" pode ser reduzido a algumas poucas coisas. A vida simplesmente fica mais fácil – basta não dirigir, não voar de avião nem chegar perto de aranhas, cobras ou pessoas. Isso foi uma distinção psicanalítica importante, porque ter medo de uma coisa lhe dava fundamentação simbólica, ao passo que ter medo de tudo não deixava um local de entrada para psicanalisar. Não obstante, a fobia demonstra que todo símbolo, todo objeto, não passa de uma fixação. O pânico demonstra a forma como uma mente pode flutuar, fixando-se em um objeto passageiro, apenas para mudar para o próximo. Diz algo sobre a corrente ou pulsão presentes na angústia e sobre a natureza acidental e fabricada daquilo que ocupa nossos medos.

O mais interessante é que esse medo de "tudo" encobre a origem do pânico, que não se encontra no significado "tudo" do termo "pan", mas se refere especificamente ao deus Pan (ou Pã). Essa confusão entre tudo como pan e Pan, o deus meio homem, meio bode, é aparentemente a graça de várias piadas de Platão. Pan é selvagem; representa a natureza em oposição às leis da cidade. Sempre era representado como viril: ensinava pastores a se masturbar, estava sempre com uma ereção, às vezes fazia sexo com animais. A pansexualidade não é apenas não enxergar gênero, mas também espécie. Ele constantemente estuprava ou "seduzia" mulheres, ainda que essas histórias muitas vezes terminem num fracasso e sejam mais tratadas como narrativas cômicas. Várias mulheres que Pan tentou estuprar escaparam de sua ira transformando-se em flora. Uma se tornou árvore, outra juncos à beira de um rio que ela atravessou para fugir dele. Esses juncos se tornaram a flauta que muitas vezes nas imagens dele o vemos tocar.

Mulheres em pânico se tornam árvores, que se tornam sons. O som se torna o instrumento de pânico de Pan. Diz-se que o deus farfalhava arbustos quando as pessoas estavam viajando entre cidades pela floresta, para induzir ao pânico. Na lógica rigorosa do mito, Pan brinca com a folhagem, que representa o pânico das mulheres que quase foram estupradas, para aterrorizar os passantes que adentram a fronteira que separa homem de natureza, civilização de selva. Por quê, você pergunta? Bem, Pan não gosta de ser acordado de sua soneca. É quando está acordado que ele brinca com os arbustos, ou emite um ruído que induz a um medo de arrepiar os cabelos. Daí o termo pânico.

No século XVII, o que se conhecia como *panophobia hysterica*, também chamado "terror pânico causado por vapores", era descrito como a experiência de medo súbito com reações dramáticas de coração acelerado ou "palidez" quando assustado por "ruídos ou visões inócuos" – provocados por "vapores", ou coisa alguma. Esses vapores eram então literalmente soprados para dentro da vagina das mulheres como tratamento, para devolver seus medos ao lugar certo, ou seja, para dentro. Já que retornamos ao tema da gravidez, a questão da preocupação, da sexualidade selvagem e de ruídos que induzem ao pânico suscitam, em minha mente psicanalítica perversa, a questão da cena primária.

Em outras palavras, são os ruídos que despertam você do sono, aquilo com que você poderia esbarrar que geralmente se encontra escondido, a indução à realidade do sexo, especialmente como a confusão infantil sobre prazer sexual e violência sexual, e a confusão em torno de como e por que os bebês são feitos. Esses ruídos que você ouve, esse farfalhar dos arbustos, são também sinal daquilo de que você foi excluído, do que os outros estão fazendo e ao qual o sujeitam, obrigando você a testemunhá-lo. A imaginação da cena primária inclui a tentativa de estar no local de onde você esteve excluído, estar presente nas condições de sua chegada à existência no momento antes de você ser, ou o último momento em que você não foi. Esta é uma forma de pensar no incesto – a tentativa de romper a barreira das condições específicas de sua existência, não apenas a vagina de sua mãe, ou seja lá o que for.

Melanie Klein pensou na cena primária como uma fantasia infantil de "coito parental eterno" e "gestação permanente".[2] Seus pais estão simplesmente trepando sem parar e querendo mais filhos. Eles não param. Você precisa ficar ouvindo aquilo noite após noite após noite, pensando na bagunça que irmãos possivelmente vão significar em sua vida, em particular em sua vida como centro.

A vida na cena primária é uma emergência permanente, um panóptico – tudo ver, tudo ouvir, tudo nos invadir, nos seduzir, nos segurar fixamente nessa totalidade, tudo de uma vez só. Diferente da fala ou da leitura, que precisam ser destrinchadas, ver e ouvir têm essa característica de tudo-de-uma-vez. É preciso continuar ouvindo o que digo para entender o que estou dizendo, ou não dizendo; é preciso ler essas palavras enquanto elas formam uma oração que se completa para aí poder descobrir seu sentido. A imagem que lhes apresento, o som de minha voz, é outra coisa. É algo que nos invade.

---

2 Melanie Klein, "Algumas conclusões teóricas relativas à vida emocional do bebê" [1952], in *Inveja e gratidão e outros ensaios*, trad. Belinda Mandelbaum et al. São Paulo: Ubu Editora, 2023.

Vocês não acham que é isso o que está acontecendo nas mídias sociais? Pânico com a fantasmagoria de todos envolvidos em procriação e produção permanentes? Não será o pânico sexual a realidade de todo pânico – pânico que se transforma em testemunha da violência excessiva e do desfrute dos outros sem mitigação?

Seja como for, a linguagem entregue a essa imaterialidade, desvinculada dos objetos e da realidade, aproxima-se daquilo que alguns chamam de nosso mundo da "pós-verdade". E, mesmo que o mundo da pós-verdade signifique existir em um estado de pânico profundo – por vezes, de delírio –, ainda assim seria um mundo mais delirante, poético e cômico. Eu de fato acredito nisso. Sou uma lacaniana estruturalista. A correnteza do pânico e da angústia nos leva à correnteza da linguagem, que é sempre onde a poesia e o humor encontram seu lar, ou melhor, seu status de desabrigo.

Talvez esse seja meu único resquício de esperança – a prosa e o humor –, que vejo em toda parte a meu redor, para além do fanatismo da cena primária e de seus seguidores em pânico. Creio de fato que comunidades estão se formando nessas falhas geológicas, no contágio do pânico, mesmo ao tentar escapar dele. De qualquer forma, um pouco da verdade sobre o estado real das coisas começa a ficar clara; Freud sempre se perguntou se teríamos de ficar tão adoecidos assim para nos aproximar de uma verdade desse tipo.

Dizem que Pan foi o primeiro e único deus do panteão greco-romano que morreu. Alguns especulam que é por isso que Pan provavelmente serviu de modelo para o Diabo. Pode-se especular como seria esse encontro com a sexualidade selvagem e o pânico, seguido pela morte de deus, que ocorre, ou pelo menos é o que diz Plutarco, para anunciar a transição do mundo antigo para o cristão. Então, o pânico não trata apenas de imaginar os outros transando pela eternidade, nem exclusivamente de objetos psicóticos, é também estes dois como algo que aponta para nossa morte. A fantasia é sempre a última parada antes da realidade da mortalidade, o desamparo absoluto, o fato de que ninguém tem aquilo de que realmente precisa e ninguém pode nos ajudar com a realidade da morte. Quando estivermos mortos, não saberemos que estamos mortos, só saberemos que estamos morrendo. A única figura onipotente é, então, a própria morte.

SEXUALIDADES INQUIETANTES

Pareço ser uma especialista na entidade clínica "transtorno de conversão", tendo publicado um livro com esse título em 2018; embora, verdade seja dita, eu estivesse encarando o diagnóstico de forma menos literal e olhando de forma ampla para o histórico do termo "conversão", brincando com ele como sinônimo de histeria e usando-o de acessório para discutir o corpo na psicanálise. Então, claro, fui indicada para o caso mais extremo desse diagnóstico que eu já vira ou ouvira falar, uma mulher que havia dois anos apresentava sintomas cada vez mais fortes, tais como estados de paralisia e estranhas sensações na pele, grandes perturbações do estado de consciência que iam de sensações de desrealização intensa (quase de não estar no mundo) a momentos de amnésia, impressões e sensações alucinatórias (muitas das quais tomavam a forma de "sentir presenças") – coisas que, como bem podem imaginar, lhe causavam a impressão de estar ficando louca.

Após inúmeras visitas ao pronto-socorro, a neurologistas e outros médicos especialistas, nenhuma causa orgânica se revelou. Em dado momento ela teve de se mudar de volta para a cidade natal e sua mãe passou a dormir com ela em sua cama de infância, tal era o estado de terror em que ela se encontrava. Ela brigou com o psiquiatra a quem foi instada a se consultar devido a uma questão de medicação e, com raiva, buscou a indicação de um amigo. Depois que fiz a primeira consulta com ela, achei que ela devia encontrar o verdadeiro especialista em transtorno de conversão.

As principais características de seus sintomas giravam ao redor do tema do inquietante [*uncanny*], algo surpreendente, pois os sintomas de conversão corporais raramente são sentidos de forma tão assombrada. É de se imaginar que qualquer perturbação no estado de consciência, qualquer experiência alucinatória ou conjunto de sensações corporais estranhas teria uma qualidade inquietante, mas isso seria cometer o erro que Freud nos alerta para não cometer quanto à especificidade do inquietante. Uma condensação sintomática específica precisa acontecer para produzir algum efeito do inquietante nesse lugar, onde os mais materiais dos sintomas – coisas que acontecem de forma concreta no nível do corpo e no reino do sensorial – se alinham pelas características abstratas do inquietante, do desconforto e da incerteza sobre uma fronteira espectral da vida, o próprio corpo se tornando um duplo, um arauto da morte.

Essa característica do inquietante na conversão parece exercer um efeito irremediável sobre o senso de realidade e o lugar de alguém em relação a este, especialmente no tocante ao que pode ser conhecido ou dito e como essa realidade se vincula ao simbólico ou a questões de representação. O inquietante parece ser uma psicose que de algum modo não é psicose, pois a experiência parece possuir uma qualidade representacional, que a torna incerta. Vou falar sobre como essas características se mostraram nesse caso e depois rapidamente sobre uma paciente de Lacan que parece ter as coordenadas exatamente invertidas desse inquietante transtorno de conversão. Gostaria de propor isso como uma "cura" inquietante, que diz respeito a, imagine só, se apaixonar pela realidade.

Ao folhear textos psicanalíticos, quis saber se alguém havia trabalhado o "inquietante" como fenômeno clínico. O único texto completo a respeito é de 1934, do polêmico psicanalista austríaco Edmund Bergler. Ele escreveu:

> Na sensação do inquietante, nos alarmamos com nossa própria onipotência, que por alguns segundos imaginamos existir [...]. A sensação do inquietante, portanto, representaria um transe com a duração de uns poucos segundos, talvez um breve estado de alienação mental e, do ponto de vista de nosso eu, um *mecanismo de proteção*. O medo de si próprio (da tendência agressiva inconsciente de cada um) combinada ao medo dos outros (castração) resultam naquilo que podemos chamar de curto-circuito afetivo [...] [e] o mecanismo serve ao propósito do supereu a

cujo sinal o frágil eu dá o sinal de perigo. Além disso, gostaria de assinalar que a sensação do inquietante pode ser *desfrutada de forma secundária como prazer-angústia* [*Angstlust*], e induzida masoquisticamente vezes sem conta ("sexualização da angústia"). Isso serviria, ao mesmo tempo, como uma gratificação do instinto de morte em *dosi refracta*.[1]

Bergler acredita que o inquietante é uma superação da angústia da castração, a experiência de um traço de onipotência infantil que retorna no exterior. Representa a sexualização da angústia, a submissão masoquista da pessoa a sua própria onipotência clivada e apartada. Em seguida, ele esclarece treze maneiras pelas quais nos deparamos com esse inquietante retorno da onipotência recalcada em pacientes. Vou resumi-las:

1. Pressentimos o inquietante quando observamos outra pessoa dar asas a seus impulsos agressivos, aparentemente imperturbados por qualquer sensação de culpa, mas inconscientemente identificados com seu sadismo.
2. Neuróticos obsessivos pressentem o inquietante quando se sentem capazes de "operar milagres" e assim provar a onipotência de seus pensamentos.
3. Pressentimos o inquietante quando outras pessoas deixam de exibir uma reação afetiva típica que "normalmente" esperaríamos deles, em especial quando demonstram uma falta de medo que revela seus desejos onipotentes.
4. Pressentimos o inquietante quando percebemos que ocupamos o lugar de outra pessoa ou força na relação de objeto, e não, como ingenuamente imaginávamos, de sujeito, sobretudo ao sermos vividos por nosso inconsciente.
5. Pressentimos o inquietante quando testemunhamos a queda súbita e inesperada de alguém poderoso: a sensação de onipotência é desencadeada quando nos identificamos com a pessoa derrubada.

---

[1] Edmund Bergler, "The Psycho-Analysis of the Uncanny". *International Journal of Psychoanalysis*, v. 15, 1934, p. 221.

6. Manifestações de instituições psíquicas inconscientes – o isso e o supereu – suscitam o pressentimento do inquietante. Podemos distinguir três manifestações desse gênero: a) a compulsão de confessar e o desejo do castigo; b) a compulsão de repetir; c) desejos instintivos recalcados.
7. O pressentimento do inquietante é gerado por certas formas de cinismo que parecem livres de culpa, mas nasceram dela.
8. O inquietante é pressentido quando a própria onipotência do sujeito se projeta em outros; figuras do diabo ou demônios.
9. O pressentimento do inquietante é gerado por um silêncio impenetrável por parte do outro; isso suscita desejos de morte e angústia da castração.
10. O pressentimento do inquietante é gerado por algo inescapável. O exemplo mais evidente desse tipo de sensação inquietante é experimentado por alguém que sabe que a morte de outra pessoa é iminente. Por conta de sentimentos de onipotência inconscientes, quem tem esse conhecimento sente como se ao mesmo tempo fosse o autor da sentença de morte.
11. O pressentimento do inquietante pode acompanhar o pressentimento do tempo ou a sensação de "infinitude"; tentativa de ir além do limite entre a vida e a morte.
12. O inquietante pode ser pressentido quando o que começou como brincadeira passa a ser brutalmente sério.
13. O inquietante é pressentido por um grupo específico de masoquistas que precisa reter uma solução masoquista para a castração ao orquestrá-la inúmeras vezes na realidade.

Todos os exemplos parecem ser momentos que se apoiam em uma questão de poder, misturadas com a vida e a morte, com uma subversão das normas. A principal questão parece ser: *Quem é castrado? Quem é o objeto de quem?* O conceito de Bergler de masoquismo inconsciente e do inquietante é mencionado tanto por Jean Laplanche como por Gilles Deleuze, e parece importante no que diz respeito ao inquietante na medida em que o masoquismo representa igualmente uma tentativa de controlar a angústia da castração.

Voltando a minha paciente, certo problema quanto à onipotência logo tornou-se evidente em nosso diálogo. Se eu era a representante de que esses sintomas eram psicológicos e não biológicos, isso me colocava na posição de dizer algo "onipotente": estaria eu dizendo que tinha certeza disso? Estaria eu dizendo que era ela quem estava fazendo aquilo consigo própria (algo que a ofendia imensamente)? Estaria dizendo que algo nela era capaz de ter poder a tal ponto de perturbar o plano físico e mental? O inconsciente – que quer dizer isso? Se de alguma maneira eu me aproximasse dessas coordenadas, ela começava a revirar os olhos, tornando-se hostil, ou a questionar minhas crenças. Justo, mas isso exercia um estranho impacto em mim, pois eu não sentia que estava tentando assumir nenhuma posição necessariamente, mas não parava de ser enganada para cair nesse papel, tornando-o uma ameaça iminente crônica. Nunca tive de me importar tão pouco.

Lembro-me de um momento específico em que perguntei se ela já vivenciara alguma experiência em que se sentiu deslocada ou repentinamente confusa sobre sua posição no mundo. Ela perguntou: "O que você tem em mente?", e respondi que essas coisas acontecem de vez em quando, por exemplo, durante a puberdade, ao se mudar de cidade ou ao entrar na faculdade, e as coordenadas mudam dentro de nós de maneira inesperada. Ela ficou furiosa por eu estar "sugerindo" que o que ela estava passando poderia equivaler à ida de um pirralho para a faculdade. Respondi que não estava sugerindo nada do gênero e que às vezes essas experiências também podem ser um horror, mas, em todo caso, eu estava apenas pensando sobre diferentes momentos na vida dela. Achei que ela não iria mais voltar, pois parecia estar com muita raiva, mas voltou e, na sessão seguinte, contou que, durante boa parte da infância, acreditara que sua família não era sua família de verdade, e que, quando mais velha, descobriu certas informações sobre seus parentes e renegou-os por completo.

A questão dessa família que não era sua família mostrava-se em seus sintomas na medida em que tudo o que ela experimentava era descrito como não familiar, ou até mesmo como a desfamiliarização do familiar. Ela falava de pressentir presenças, de ouvir vozes, mas também de não saber onde estava, de subitamente não reconhecer pessoas. Se, por um lado, isso pode parecer uma tradução quase literal da fala clássica de sintomas histéricos, a diferença era que dizê-lo conforme ela o disse era algo concreto – ela não gostava do ato de vincular representações, algo a que uma pessoa histérica adere com grande facilidade, ou melhor, o próprio sintoma parece fazer isso em sessão. O que estava acontecendo era uma bifurcação total, e falar sobre os sintomas parecia dar a eles mais poder, mais autonomia.

Perguntei se aqueles tipos de experiências com o inquietante já haviam acontecido antes do período em questão (basicamente, os dois anos anteriores), e primeiro ela disse que não, com muita resistência, mas então aludiu a uma experiência anterior em que sentiu uma presença (sete anos antes), que não a assustou nem um pouco da forma como agora assustava. Por quê? Respondeu que, naquele momento, aquilo era o que era sem causar dúvidas que era. Perguntei: "Você quer dizer um espectro?". Ela disse que sim. E agora? "Não sei o que são, eles não parecem reconfortantes da forma como senti naquele momento." Há que se imaginar que eram reconfortantes porque a asseguravam da imortalidade, o que traz à lembrança o comentário de Freud:

> Mas essas concepções surgiram no terreno do ilimitado amor a si próprio, do narcisismo primário, que domina tanto a vida psíquica da criança como a do homem primitivo, e, com a superação dessa fase, o duplo tem seu sinal invertido: de garantia de sobrevivência passa a inquietante mensageiro da morte.[2]

---

2   Sigmund Freud, "O inquietante" [1919], in *Obras completas*, v. 14, trad. Paulo César de Souza. São Paulo: Companhia das Letras, 2010, p. 352.

Portanto, aqui temos o tempo um do sintoma inquietante – assegurando a imortalidade; e o tempo dois do sintoma inquietante – arauto da morte. Essa linha do tempo é extraordinariamente importante.

Perguntei mais sobre a diferença entre antes e agora, e ela disse que não sabia, mas que agora a sensação vinha acompanhada por tantas outras questões que simplesmente lhe parecia bizarro, incluindo alucinações que não eram assustadoras em si, mas aterrorizantes por serem esteticamente desagradáveis para ela, parecendo exatamente com o que ela não escolheria sentir medo. "Tipo o quê?", perguntei. "Não sei, tipo palhaços idiotas e outras imagens de filmes de terror com péssimo arranjo de cores, nem um pouco o tipo de coisa de que eu gosto." Ela disse isso com um sentimento de repulsa extremo, até mesmo de injustiça, ante a ideia de que ela pudesse ser assolada por alucinações tão alijadas de suas sensibilidades estéticas. É como se o despertar de seu desgosto acrescentasse não apenas ao sentimento de desprazer e desconforto, mas também à sensação de seu caráter estrangeiro.

Então ela contou a história de sua experiência mais antiga com o inquietante. Ela disse que costumava rezar e que adorava rezar o terço, ainda que alegasse que sua família não era exatamente envolvida com religião e que ela tinha frequentado a escola religiosa apenas por ser a que ficava mais perto. Ela disse gostar do terço mais como ritual do que como objeto devocional. Então, certa noite ela estava rezando com tanto fervor que apertou os olhos com força enquanto rezava e, de repente, achou ter visto alguma coisa. Talvez fosse apenas pelo fato de ter apertado os olhos, mas... "Pelo que você estava rezando?", perguntei. "Sei lá, provavelmente por alguma coisa de criança", respondeu ela, se recusando a falar mais do assunto. Mas por que estaria rezando com tamanho fervor?

Boa parte desse relato parece conversar com ideias infantis abandonadas ou conquistadas, fantasias infantis onipotentes, modos primordiais do animismo, a crença na imortalidade, temores da castração divina, todos os quais começavam a retornar do recalcado. A decatexia dessas crenças aparecia não apenas em seus sintomas, mas em sua constante atitude desdenhosa, e igualmente na força palpável de resistência que permeava seu diálogo comigo, repleto de racionalizações e com ataques a significados ou associações. Era chocante interagir com isso; defesas tão pervasivas assim com frequência parecem caracterológicas e não como se a pessoa estivesse focando fenômenos discretos e lidando com algo escondido à vista de todos.

Havia uma qualidade escorregadia na relação dela com a linguagem, como se ela não estivesse ancorada nesta, o que levava a extremos de concretude e abstração ao mesmo tempo, e ambos tinham força para estilhaçar a fala. As coisas precisavam ficar desconjuntadas e isso em si aumentava a inquietação, como se até eu estivesse me afastando da linguagem e da vida, existindo em um mundo intermediário. Podemos chamar o inquietante de um ataque representacional à representação – não muito diferente da obsessão, porém diferente na medida em que a onipotência não está no pensamento da pessoa, mas nos arredores dele, entregue para a realidade. A realidade é com frequência aquilo que se intromete em uma imagem do sintoma obsessivo; portanto, o que interviria aqui?

Não sei quantas vezes tive vontade de simplesmente expulsá-la do consultório. Seria aquilo a raiva que ela não reconhecia em si mesma? Ou apenas a reação que alguém pode ter diante da presença da pulsão de morte que mina a representação? O que me reteve, talvez, foi o intenso fascínio exercido pelos incidentes do inquietante em si, especialmente pelos sintomas dela, não só as imagens alucinatórias (para ela, feias) como também as ações que se impunham a ela, desde a ideia de apagar uma vela colocando-a na boca até a de abrir a porta de um carro em movimento. O fascínio e o alívio vêm provavelmente de ter, no mínimo, a representação manifesta em algum lugar da pulsão de morte em si, em vez dessa presença silenciosa que nos arrastava para o abismo.

A paciente também experimentava uma espécie de sinal de angústia na forma da sensação de que ficaria cega, que surgia sempre que ela atravessava uma faixa de pedestres e se manifestava como "nos próximos dez minutos você ficará cega", que constituía mais uma sensação do que um pensamento verbal. Sobre essa cadeia de sintomas em torno da visão conseguíamos falar de forma um pouco mais clara, inclusive do problema de ver fotos das pessoas mais familiares, como Obama, e não as reconhecer, o de esquecer a identidade de um amigo a tal grau que ela nem sabia se conhecia a pessoa com quem estava falando, ou o de acordar sem nenhuma pista capaz de restabelecer uma familiaridade com o local onde ela estava – era tudo apenas um vazio. Essas dificuldades no registro escopofílico eram especialmente importantes por ela ser fotógrafa profissional: o trabalho dela era *ver*, e ela parecia estar aos poucos sendo roubada de seus olhos.

Na verdade, a questão de seu relacionamento com o trabalho foi um ponto decisivo. Ela disse: "Meu trabalho é ruim". Ela não queria que eu questionasse isso. "É ruim e pronto." O que a atormentava era sair impune, o fato de que seu *métier* simplesmente tivesse se convencido de que o ruim era bom. Ela não conseguia nem sequer convencer as pessoas de que era ruim. Ela queria que a firmeza dessa crença que ela proclamava fosse reconhecida como verdadeira e racional, desejando um julgamento e um castigo que nunca chegavam, exceto talvez na forma daquele seu declínio sintomático. Ela queria que o que era "ruim" fosse revelado; queria o castigo da Lei de Talião.

Em certa sessão, perguntei o que "ruim" significava para ela. Falei que achava a palavra estranha. Ela respondeu: "Ruim é ruim, o que mais eu poderia querer dizer?" Falei que achava que isso tinha um quê moralista, religioso, como o de ser uma garota ruim. Ela quase gritou: "É isso o que significa para *você*? Que nojo. Não quero nem saber". Falei que não achava que era só eu; que a palavra deve ter um percurso filológico e histórico. Ela interrompeu como se não suportasse me ouvir falar. Prosseguiu dizendo que não gostava *nem um pouco* da idiossincrasia do uso das palavras e do que isso revelava sobre as pessoas. No entanto, chegou a olhar o significado da palavra antes da sessão seguinte e me contou que ficou interessada no fato de que uma das acepções de *"bad"* [ruim] se referia a uma mulher masculinizada, ou a um "hermafrodita".

Esse momento me deu a sensação de algo importante sobre a relação dela com o mundo simbólico: não apenas a recusa de significado ou a ambivalência que desintegrava qualquer sustentação na realidade, mas o horror do que a linguagem revela sobre o desejo, sobre a especificidade e a idiossincrasia do desejo, que só apareciam nos sintomas dela. E isso é mesmo algo inquietante na linguagem. "Ruim" pareceu ser um pivô entre esse universo inquietante, punitivo, moralista e espectral e todo um campo de vida e desejo sexual de que ela não falava, ou que não estava presente na fala dela em si.

Depois disso, após uma sessão para a qual ela chegou muito atrasada, ela pediu uma sessão extra. O fim dessa vinheta será bastante banal; algo que pode ser pensado também como uma característica inversa do inquietante. Minha paciente veio à sessão extra para me contar que estava saindo com uma mulher de quem gostava muito (e a quem aludira muitas vezes sem entrar no assunto): ela aparecera quase que por milagre, e o relacionamento das duas era limitado pelo tempo, o que no fundo era um mal que vinha para bem, já que ela era incapaz de fazer amor com uma mulher de quem gostasse.

Com essa mulher, estavam fazendo o melhor que podiam para lidar com a questão, ela tinha um bom senso de humor a respeito e era muito paciente. "O que acontece?" perguntei. *"Você sabe"*, disse ela, com uma estranha certeza. É claro que eu não tinha a menor ideia do que ela estava falando. Olhei para ela perplexa. Ela falou que não queria falar mais disso agora, pelo menos não em detalhes, e passamos a outros temas, inclusive o medo mórbido que seu pai sentia da morte, que piorara significativamente após assistir a mãe *dele* falecer pouco a pouco ao longo dos seis anos anteriores.

Corta para três sessões depois. Ocorre que, quando estava prestes a fazer amor com essa mulher, ela quase desmaiou, ou talvez sentiu que ia desmaiar, não ficou claro, mas o campo de percepção se estreitou, algo aconteceu em seu corpo, às vezes ela podia perder o controle e até começar a sentir que não sabia onde estava. "Quando isso aconteceu pela primeira vez?", perguntei. A primeira vez acontecera há cerca de três anos. "Antes de os sintomas todos começarem?" perguntei. Sim, respondeu ela com frieza e sem qualquer interesse, ponto em que me contou uma história incrível de inquietante repetição: toda mulher com quem isso havia acontecido, cinco, para ser exata, tinha as mesmas características, ela as admirava intensamente pelo modo como levavam a vida, em oposição a sua vida ruim; estavam se divorciando de homens; eram incrivelmente inteligentes e engraçadas, e ela as sentia como gêmeas ou duplos em suas sensibilidades (retorno do duplo tranquilizador como espectro na forma de um objeto amoroso). Uma vez, informou ela, uma vidente lhe contara que ela ficaria com certa mulher. "Quem, qual delas?" perguntei. "Uma divorciada", disse ela. "Ah, que você rouba de um homem?" Ela deu outro grito. "Acho que é difícil ouvir isso assim, dito em voz alta. Que nojo. Tá bom, aceito. Já está na hora de parar? Queria que você tivesse um relógio por aqui."

Não é incrível que ninguém tivesse perguntado sobre sua vida sexual em relação a seus sintomas nos dois anos que ela passou num estado de total despedaçamento, ou em que ela ocultava a origem sexual de seu sintoma, até mesmo de si própria? O amor sexual redesperta toda uma configuração de pensamentos sobre mortalidade, onipotência, castração, que podem aparecer de fora para dentro, da forma mais radical, com as mais extremas formas de resistência.

Lacan, falando sobre a angústia e sua transformação na psicanálise, relata um caso seu fascinante, um dos poucos de que falou em algum detalhe. O caso começa com a retirada da atenção excessiva do marido da paciente que a sustentara, incluindo uma reclamação a respeito disso. Lacan diz que de repente ela começa a falar com uma precisão peculiar (em contraste com, por exemplo, a vagueza de minha paciente) sobre seu estado. Ele escreve:

> Essa mulher [...] atestou o que lhe acontece quando, estando ao volante, por exemplo, surge um alerta de um movimento que a faz monologar algo assim como *Meu Deus, um carro!* Pois bem, inexplicavelmente, ela se apercebe então da existência de uma inchação vaginal. Foi isso que a impressionou nesse dia, e ela observou que, em certos períodos, esse fenômeno era uma reação ao surgimento, em seu campo, de um objeto qualquer, totalmente estranho, ao que parece, ao espaço sexual.[3]

Aqui vemos que, em vez de terminar com a impossibilidade de amor sexual, começamos com sua súbita manifestação explosiva. Qualquer objeto que entre no campo visual da paciente não é escotomizado, mas deflagra uma experiência de gozo que surge como um flash, um sinal, como a outra face da angústia ou o inquietante, transformando o terror em uma sensação de excitação corporal. Isso leva a paciente a falar das peculiaridades da natureza de seu relacionamento analítico com Lacan. Ele diz, a esse respeito:

> [...] todas as suas iniciativas me eram dedicadas, a mim, seu analista. *Não posso dizer que sejam dedicadas, acrescentou, o que significaria fazê-las com um certo objetivo, mas não; um objeto qualquer me obriga a invocá-lo como testemunha, não é nem mesmo para ter a sua aprovação do que vejo; não, é simplesmente o olhar; e, ao dizer isso, chego até a me adiantar um pouco demais; digamos que esse olhar me ajuda a fazer com que cada coisa ganhe sentido.*[4]

---

3 Jacques Lacan, *O seminário, Livro 10: A angústia* [1962–63], trad. Vera Ribeiro. Rio de Janeiro: Zahar, 2005, pp. 207–08.
4 Ibid., p. 208.

Vemos que esse objeto excitante se vincula à função do olhar na transferência. Não é o olhar exigente e desajeitado do marido, nem mesmo a busca desejosa dela (em especial a busca pela aprovação de Lacan), mas algo a respeito do analista como testemunha, aquele que assiste a essa emergência de desejo em um campo que a cerca. É o circuito que o outro está acostumado a sustentar, não pelo julgamento e nem mesmo por conhecimento, mas para permitir que cada coisa adquira significado. Ela se corrige, dizendo que não é qualquer significado em particular, mas o significado em si. O mundo de repente se torna um campo infinitamente significativo – sem, no entanto, assumir qualquer narrativa específica. Pense nisso não apenas em contraste com o estilhaçamento de significado e as características de recusa de minha paciente, mas também com o significado excessivo relacionado a fantasias onipotentes em fenômenos clínicos inquietantes que dizem respeito a poder, vida e morte.

A paciente de Lacan fala então sobre o fenômeno de se apaixonar. Fala sobre seu primeiro amor, de como ela se envolveu numa série de mentiras como um casulo, de modo a ser exatamente o que ela queria ser aos olhos do namorado. Com Lacan, existe uma diferença. Ele escreve:

> Afinal, o que ela queria não era tanto que eu a olhasse, mas que meu olhar substituísse o seu. *É pela sua ajuda que eu clamo. O olhar, o meu, não é suficiente para captar tudo o que tem de ser absorvido de fora. Não se trata de o senhor me olhar enquanto eu faço alguma coisa, trata-se de fazer por mim.*[5]

Para mim, essa declaração sobre transferência é lindíssima: a ideia do apelo por auxílio para poder captar o todo que pode ser absorvido a partir de fora; a insuficiência de alguém no que diz respeito ao desejo dessa absorção; e a necessidade de que isso se estenda para além do mero significado. Ela não está enganando o outro, tapeando-o, nem

---
5 Ibid.

sendo enganada pelo próprio ideal; não, ela permite que seu olhar baixe, substituindo-o pelos olhos de seu analista, quase sentindo que ele é quem está realizando o ato de olhar. É por meio desse baixar de olhos dela que o mundo se acende num clarão.

Não é possível imaginarmos que, de alguma forma, esse "baixar o olhar" era o que minha paciente buscava em sua cegueira psicogênica, seus apagões, sua declaração de que ela era ruim e até mesmo em suas alucinações esteticamente desagradáveis (que na realidade indexavam a imagem como algo que se olha)?

O que Lacan demonstra é que a transferência não é o estabelecimento de reciprocidade e sim a possibilidade que surge da conquista da separação real. Isso permite ao objeto agir como um suplemento e não como uma cifra negativa, geradora de angústia, inquietante. Lacan escreve: "Se o que mais existe de mim está do lado de fora, não tanto porque eu o tenha projetado, mas por ter sido cortado de mim, os caminhos que eu seguir para sua recuperação oferecerão uma variedade inteiramente diferente".[6]

Entre Lacan e sua paciente surge uma estranha funcionalidade, como dois corpos em vibração, uma mulher sem olhos, um analista sem corpo e um objeto ao qual é conferido toda a vida que existe para se lhe dar. O olhar baixou, ela encontra uma possibilidade infinita no mundo a seu redor, nascida pela insuficiência, como ela diz, da pessoa face a tanta coisa; essa nova visão da realidade pela qual ela se apaixonou e que se vê desejando, inteira. A conversão aqui não se encontra na direção do inquietante, mas transforma o inquietante, trazendo-o para o campo do desejo. Espero que seja aí onde minha paciente e eu nos encontraremos, em breve.

---

6 Ibid., p. 246.

MY COUNTRY 'TIS

Existe um caso clínico de Selma Fraiberg, discutido em seu artigo de 1972 "Some Characteristics of Genital Arousal and Discharge in Latency Girls" [Algumas características da excitação genital e do corrimento em meninas latentes].[1] Fraiberg investiga a excitação genital em meninas pré-pubescentes, a consciência da vagina, experiências prematuras de orgasmo vaginal e estados de anestesia genital em analisandas crianças e adultas. Ela se esforça bastante para recentralizar a angústia da castração, não em relação a "não ter um pênis", por assim dizer, nem a substitutos clitorianos ou a um masoquismo feminino profundo, mas com uma forma singular de se afastar de picos de excitação e experiências de prazer que parecem intermináveis.

Fraiberg fala de tentativas fracassadas de estruturar essa excitação por meio da elaboração de fantasias ou "histórias" porque elas induzem à culpa, aproximam demais a menininha de experiências da onipotência da mãe, por um lado, e por outro lado, do medo da penetração pelo pai. A busca por esse prazer perdido é o que ela ouve repetidamente em suas pacientes mulheres adultas.

Fraiberg pede a uma menininha, que ela chama de Nancy, que lhe explique as sensações que segundo ela "não terminam" e a assustam. Ela diz: "Sabe o que parece? É como quando você está tocando piano. Vamos dizer que você toque *dó*, *ré*, *mi* e *fá*. Bom, o *fá* fica tipo implorando pelo *sol* para ter uma conclusão. É feito um bebê gritando pela mãe". As sensações alguma vez terminam?, pergunta Fraiberg de novo. Bem, não, diz Nancy – parecendo irritada que Fraiberg não tenha comentado a extraordinária articulação com que ela elabora o problema em questão. Então ela começa a explicar como é:

---
[1] Selma Fraiberg, "Some Characteristics of Genital Arousal and Discharge in Latency Girls". *Psychoanalytic Study of the Child*, v. 27, 1972.

Tá bom. Era assim. [Então começou a cantar em uma estranha voz atonal, usando, pasme, a primeira frase da canção estadunidense "My country, 'tis of thee".] Tá, era assim. *My country 'tis... My country 'tis... My country 'tis...*

Ela parecia disposta a repetir aquilo de forma interminável. Por fim, perguntei: "E como isso termina?"
Nancy: "Bem, termina quando vou dormir."[2]

---
2   Ibid., pp. 452-53.

DESFAZER O QUE VOCÊ ACHOU QUE QUERIA

Um sonho é apenas o corte entre um dia e outro, formando a passagem de tempo que é a vida vivida de cada um. A morte está ao redor, por toda parte. A vida pulsional, a vida inconsciente, existe na superfície.

A questão central do sonho não é tanto que ele ressuscite o passado e sim que ele anuncia o futuro. Ele prevê e anuncia o momento em que a paciente finalmente revelará à analista o segredo que não conhece ainda, que não obstante é o maior fardo de seu presente [...] o sonho antecipa o momento de liberdade (Agamben).

A civilização requer a perda da vida instintiva. A psicanálise sempre será associal, pois demanda que o paciente recupere a libido que foi extraída a serviço da civilização.

A cura, segundo Freud, era apenas a satisfação sexual, que ele colocava do lado da realidade. Se Freud era radicalmente inibido na realidade, privado de seu desejo, é o trabalho com esses sonhos, sua autoanálise, que lhe permite seguir adiante e assumir seu desejo para além do alcance pegajoso e inibidor de seus desejos narcísicos.

"Observe para que direção os barcos estão apontados no porto e você saberá em que direção o vento sopra." Como é que eu nunca percebi todos eles voltados para o mesmo lado antes? Suponho que presumi que estavam amarrados naquele sentido. Como é ruim minha percepção dos movimentos da água.

Se você procura ajuda, tudo o que vai encontrar é outra pessoa procurando o mesmo; mas o que você teme é, na verdade, o que ela quer.

O que foi que eu fiz? Antes de falar comigo você era tão mais interessante. E então penso duas vezes em tudo: eu era tão mais interessante antes de me tornar psicanalista.

A procrastinação, assinala Lacan, é uma espécie de relacionamento anal com o tempo, através do qual se retém a onipotência por meio de uma renúncia ao tempo.

O desejo é justamente uma força que convoca a tomar uma decisão.

Você viveu em conformidade com o desejo que está em você?

Um livro sempre prepara o próximo. Quero escrever sobre o que significa ter um corpo sexual e a busca pela sexualidade. Não sei exatamente como isso vai se apresentar, mas sinto que esquecemos o quanto a sexualidade é maravilhosa e perigosa, ou a sensação de ser sexuado.

A autoanálise de Freud é o modelo; seu autoteste de tudo.

O inconsciente é uma espécie de inferno. Um mundo sem esquecimento. Um mundo onde tudo pode retornar e o que se perdeu nunca é esquecido. Quem tem a coragem?

A pura repetição sintomática durante tratamentos, como muitos de nós sabem, dá a sensação de letalidade, e ficamos animados quando o trabalho de análise transforma essa repetição em outra coisa.

A neurose tem um efeito desintegrador, quase zombeteiro, sobre as instituições: o paranoico como filósofo, o histérico como artista, o obsessivo cria a religião.

O Homem dos Lobos, tendo dinheiro demais e um ganho secundário de sua doença grande demais, não consegue, na verdade, pagar, ou seja, não pode sacrificar seu sintoma em nome de sua psicanálise. O dinheiro não significa nada para ele. Por que meios adquirimos acesso ao desejo? Com o que pagamos?

Nunca estivemos, nem mesmo num passado remoto, à vontade no prazer.

A falta, não o amor, pode ser a força determinante mais importante, que nos impele a um futuro desconhecido, e não a um terreno já conhecido de antemão.

Aquilo que tendemos a ignorar em nossas ilusões felizes e construções sociais estanques de identidade e nação.

Minha sensação é que esse desejo de "neutralidade" ainda assim é um desejo, portanto o que você acaba mostrando é seu medo, que vai tirar o tesão das pessoas, ou deixá-las com tesão, ou sei lá. Mas se você pensa que está simplesmente agindo de forma "neutra" ou "correta" sem entender que isso é um desejo em si, então com certeza não consegue analisar esse desejo por seus fracassos.

O que muitos não sabem sobre o poeta Paul Celan é que houve uma tentativa de suicídio antes da que levou sua vida. Ele esfaqueou o próprio coração com um abridor de cartas, e também tentou matar sua esposa, a artista Gisèle Celan-Lestrange. O coração para Celan é, claro, um tropo poético, diastólico e sistólico; ele bate no próprio ritmo sincopado da poesia. Um erro ao se ler poesia é pensar que ela não é literal para os poetas.

A vida é um adiamento no caminho para a morte, não existe realidade, exceto a realidade da morte. O presente é muito aberto, e essa abertura não é fácil de suportar.

Qualquer figura de domínio que não seja a morte levará a um fechamento do inconsciente.

Que tipo de conhecimento é conhecimento da morte, e o que a morte faz com o conhecimento.

Nada podia estar mais longe do desejo do que o desejo de sentir desejo.

A ambiguidade está sempre presente, já que o futuro ultrapassa a pessoa que está falando, que é sempre "sobrepujada".

Será que o que é dito e o ato de dizê-lo podem se amalgamar numa grande união, com a força de uma revelação?

AGRADECIMENTOS

Minhas editoras e *publishers*, Eleanor Ivory Weber e Camilla Wills, tal como eu, têm sobrenomes com W, como uma matilha de lobas: Weber, Webster, Wills. Este livro só existe graças à visão delas, ao quanto acreditam em mim e a seu trabalho na tessitura desses escritos. Ter a chance de ouvir sobre seu encontro com meu trabalho, seu desejo de agrupar essas revelações em um livro interdisciplinar, foi uma troca rara. Ninguém gosta de limpar o armário; fazê-lo com elas – visitar partes de mim que eu, por engano, desejei esquecer – foi difícil e um exercício de modéstia. Creio que essa intimidade está presente no livro que vocês têm nas mãos, que também foi concebido na época em que eu estava grávida, dei à luz minha filha e durante os primeiros seis meses de sua vida. Quando este livro estiver no prelo, Camilla também terá dado à luz. Sou grata a ambas, e a Jacob Blandy por seu olho de lince no copidesque.

Por terem me dado tempo e espaço, agradeço a minha filha e a seu pai, Alma Anne Brown e Richard Brown. Vocês dois são minha força de desejo desorganizadora.

SOBRE A AUTORA

JAMIESON WEBSTER nasceu em 1979, em Miami, nos Estados Unidos. Em 2000, graduou-se no Sarah Lawrence College e, em 2008, obteve o doutorado em psicologia clínica na City University of New York (CUNY). Entre 2007 e 2013, completou o estágio e realizou a formação psicanalítica no New York Psychoanalytic Institute, concluindo em 2015 a formação no Institute for Psychoanalytic Training and Research (IPTAR). É professora do The New School for Social Research desde 2004, e da pós-graduação em filosofia desde 2018. Atua como psicanalista em consultório particular em Nova York desde 2010. É também membro do conselho executivo e docente no Pulsion Psychoanalytic Institute e no Soho Psychoanalytic Group, além de pesquisadora do The New Institute para o ciclo de 2024–25. Em paralelo com o trabalho clínico e acadêmico, Webster contribui regularmente com ensaios e artigos para veículos como *The Guardian*, *The New York Times*, *The New York Review of Books* e *Artforum*.

Obras selecionadas

On Breathing: Care in a Time of Catastrophe. New York: Catapult, 2025.
Conversion Disorder: Listening to the Body in Psychoanalysis. New York: Columbia University Press, 2018.
(com Simon Critchley) *Stay, Illusion!: The Hamlet Doctrine*. New York: Pantheon Books, 2013.
The Life and Death of Psychoanalysis: Desire and Its Sublimation. New York: Routledge, 2011.

COLEÇÃO EXPLOSANTE

COORDENAÇÃO Vladimir Safatle

Em um momento no qual revoluções se faziam sentir nos campos da política, das artes, da clínica e da filosofia, André Breton nos lembrava como havia convulsões que tinham a força de fazer desabar nossas categorias e limites, de produzir junções que indicavam novos mundos a habitar: "A beleza convulsiva será erótico-velada, explosante-fixa, mágico-circunstancial, ou não existirá". Tal lembrança nunca perderá sua atualidade. A coleção Explosante reúne livros que procuram as convulsões criadoras. Ela trafega em vários campos de saber e experiência, trazendo autores conhecidos e novos, nacionais e estrangeiros, sempre com o horizonte de que Explosante é o verdadeiro nome do nosso tempo de agora.

TÍTULOS

Petrogrado, Xangai, Alain Badiou
Chamamento ao povo brasileiro, Carlos Marighella
Alienação e liberdade, Frantz Fanon
A sociedade ingovernável, Grégoire Chamayou
Guerras e Capital, Éric Alliez e Maurizio Lazzarato
A vontade das coisas, Monique David-Ménard
Governar os mortos, Fábio Luís Franco
A revolução desarmada, Salvador Allende
Uma história da psicanálise popular, Florent Gabarron-Garcia
A revolução molecular, Félix Guattari
Fazer da doença uma arma, SPK
O mito do desenvolvimento econômico, Celso Furtado

Título original: *Disorganisation and Sex*
© Ubu Editora, 2025
© Divided Publishing, 2022

[CAPA] *La Poupée* [A boneca], 1935
© Bellmer, Hans/AUTVIS, Brasil, 2024

EDIÇÃO Gabriela Ripper Naigeborin
PREPARAÇÃO Ana Carolina Mesquita
REVISÃO Livia Campos
COMPOSIÇÃO Nikolas Suguiyama
TRATAMENTO DE IMAGEM Ipsis
PRODUÇÃO GRÁFICA Marina Ambrasas

EQUIPE UBU
DIREÇÃO EDITORIAL Florencia Ferrari
DIREÇÃO DE ARTE Elaine Ramos; Júlia Paccola e
 Nikolas Suguiyama (assistentes)
COORDENAÇÃO GERAL Isabela Sanches
COORDENAÇÃO DE PRODUÇÃO Livia Campos
EDITORIAL Bibiana Leme e Gabriela Ripper Naigeborin
COMERCIAL Luciana Mazolini e Anna Fournier
COMUNICAÇÃO/CIRCUITO UBU Maria Chiaretti,
 Walmir Lacerda e Seham Furlan
DESIGN DE COMUNICAÇÃO Marco Christini
GESTÃO CIRCUITO UBU/SITE Cinthya Moreira e Vivian T.

UBU EDITORA
Largo do Arouche 161 sobreloja 2
01219 011 São Paulo SP
ubueditora.com.br
professor@ubueditora.com.br
/ubueditora

Dados Internacionais de Catalogação na Publicação (CIP)
Elaborado por Odilio Hilario Moreira Junior – CRB-8/9949

W377s   Webster, Jamieson [1979–]
    Sexo e desorganização / Jamieson Webster; título
original: *Disorganisation and Sex* / traduzido por
Simone Campos. São Paulo: Ubu Editora, 2025. / 240 pp.
    Coleção Explosante
ISBN 978 85 7126 195 2

1. Psicanálise. 2. Sexualidade. 3. Estudos de gênero.
4. Psicoterapia. I. Campos, Simone. II. Título. III. Série.

2025–4439   CDD 150.195   CDU 159.964.2

Índice para catálogo sistemático:
1. Psicanálise 150.195
2. Psicanálise 159.964.2

TIPOGRAFIA Sharp Grotesk e Arnhem
PAPEL Pólen bold 70 g/m²
IMPRESSÃO Margraf